心がほっとする
ポケット般若心経

枡野俊明 監修

河出書房新社

はじめに

人生の悩みや苦しみから自由になるには、どうすればいいでしょうか。どのように生きていけば、先の見通せないこの時代を、心穏やかに進んでいけるでしょうか。

その答えを、たった二七六文字ではっきりと示しているのが、この本で読み解いていく般若心経《はんにゃしんぎょう》です。

般若心経は、仏教の開祖であるお釈迦様《しゃかさま》の智慧《ちえ》をまとめたお経で、古くから多くの人々を守り、また、心の支えとなってきました。経文そのものに守護の力があり、時代を超えて信仰を集めてきたのです。

日々ストレスにさらされている私たちを、もっとも助けてくれるお経が、この般若心経だといっていいでしょう。

般若心経では、この世の成り立ちと心のしくみが明らかにされ、困難の多い人生を歩んでいくための真理が説かれます。この本では、その教えを、禅の立場から、できるかぎりわかりやすくひもといていきます。

仏教の尊い智慧をいつも心に持ち歩くような感覚で、ふだんの生活に生かしていただければと思います。

悩みがあるとしたら、すでに解決の芽生えもあると仏教では考えます。般若心経とのご縁によって、あなたの悩みは少しずつ、しかし確実に、よい方向へと向かっていくでしょう。まずは、無心になってページをめくっていってください。それだけで、般若心経の功徳《くどく》をいただくことができます。

合　掌

建功寺方丈にて　枡野俊明

心がほっとする　ポケット般若心経◎目次

第3章◎読経・写経の作法

第1章◎般若心経とは

心豊かに生きるための智慧

六〇〇巻もの経典のエッセンスが凝縮されている

般若心経は、正式には「摩訶般若波羅蜜多心経《まかはんにゃはらみったしんぎょう》」といいます。「大般若経《だいはんにゃきょう》」という六〇〇巻にも及ぶ経典の大切なエッセンスを、わずか二七六文字にまとめたお経です。

もともと般若心経は、僧侶がお釈迦様の教えを学び、仏と一体となるための修行として、読経《どきょう》したり写経《しゃきょう》したりしていたお経です。それが次第に貴族や武将たちにも広がり、その後、一般へと広く伝わっていきました。

現在でも、修行のためのお経であるという本来のありかたは変わっていません。しかし、法事や季節の節目、特別な祭事やご祈禱《きとう》、供養《くよう》など、さまざまな場面で宗派を問わず、広く用いられています（法華経《ほけきょう》を基本とする日蓮宗《にちれんしゅう》と、阿弥陀経《あみだきょう》を基本とする浄土真宗《じょうどしんしゅう》の寺院では、通常、般若心経は用いられません）。

また一般的にも、般若心経はポピュラーでありながら霊験《れいげん》あらたかなお経として、多くのかたが読経や写経をしています。

そのような般若心経には、すべての人が救われ、心豊かに生きるための教え、「空《くう》」の考えかたと、「空」を体得するための智慧が説かれています。「般若」は「智慧《ちえ》」を指し、「心経」の「心」は、「仏教の教えの核心」を意味します。そして、「経」は糸を指します。つまり、お釈迦様の大切な智慧がバラバラにならないように糸で束ねたものが、般若心経なのです。

仏教が広まったインドで生まれた般若心経

般若心経が生まれたのは、お釈迦様が仏教を広めたインドです。

その発祥には諸説ありますが、お釈迦様が亡くなってから五〇〇年後に、弟子たちが集まり、それまで口語で伝えられていた教えをまとめて作られたと伝えられています。その際にまとめられたお経の中の「大般若経」をもとに、般若心経が生まれたのです。

サンスクリット語で書かれたその原典を、中国に持ち帰り漢字に翻訳《ほんやく》したのが、孫悟空《そんごくう》で有名な『西遊記』のモデルとなった玄奘三蔵《げんじょうさんぞう》です。玄奘三蔵の翻訳した漢訳版が、古くから日本で広く親しまれてきた般若心経の元になりました。

識字率の低かった江戸時代には、絵で般若心経を描いた「絵般若」も登場しました。このことからもわかるように、私たち日本人にもっとも尊ばれ親しまれてきたお経が、般若心経なのです。

般若心経がこれほどまで日本人の心に根づいてきたのは、般若心経そのものに、非常にありがたい御利益があるからであり、また、般若心経の教えが私たちの心を救い、安らかにするからだといえるでしょう。

ものごとにとらわれない生きかた

では、般若心経で説かれている仏教の智慧とは、どんなものでしょう。

それは、お釈迦様の教えの根幹にある「空《くう》」の考えかたを理解することです。

般若心経では、観自在菩薩《かんじざいぼさつ》（観音様）が、お釈迦様の弟子である舎利子《しゃりし》に語りかける設定で「空」について説かれています。

「空」と聞くと、「なんだか、むずかしそうだな」と感じるかもしれません。

しかし、その概念は、シンプルにとらえることができます。わかりやすくいえば、「空」とは、「すべては移り変わり（無常）、あらゆるものは縁によって成り立つ（無我）」という考えかたです。

この「空《くう》」を理解して生きることで、どんな人も心穏やかな毎日を過ごすことができるのです。

「空」について、もう少しご説明しましょう。

般若心経では、この真理が「色即是空《しきそくぜくう》」という言葉で表されています。

「色即是空」とは、目に見えるもの（色）は、常に変化し、あらゆるものと関わり合いながら存在している（空）ことを指す言葉です。

しかし、ものごとを虚《むな》しいととらえるのが「空」ではありません。

移りゆく世界をそのまま受け入れて、自分の人生をしっかりと生き抜き、しかも、ものごとにとらわれないありかたが、本来の「空」の思想です。

般若心経が「道しるべ」となり、人生を照らす

般若心経の最後には、「空」を悟るための真言《しんごん》（真理を表す言葉）が述べられています。彼岸《ひがん》（悟りの世界）へ渡るための智慧が凝縮された真言です。

私たちは、人生が思い通りにならない苦しみを抱えながら生きています。

しかし、すべてが「空」であることを心から理解したとき、苦しみを招くさまざまなとらわれから自由になれます。そして、悟りの世界へと渡ることができるのです。

「悟りを得るなど不可能ではないか」と思われるかもしれませんが、私たちには、仏様と同じ尊い仏性《ぶっしょう》が備わっています。この仏性の働きで「空」を知る智慧を、私たちは本来持っているのです。

般若心経には、すべての人が救われ、心豊かに生きるための「空」の考えかたが説かれています。

それは、あなたを導き、心をうるおす大切な智慧です。ぜひ、あなたがこれから歩いていく人生の道しるべとしてください。

般若心経 全文

※ふりがなは、読経するときの「発声」で記しています

摩《ま》訶《か》般《はん》若《にゃー》波《はー》羅《らー》蜜《みー》多《たー》心《しん》経《ぎょう》

観《かん》自《じー》在《ざい》菩《ぼー》薩《さー》

行《ぎょう》深《じん》般《はん》若《にゃー》波《はー》羅《らー》蜜《みー》多《たー》時《じー》

現代語訳

彼岸《ひがん》へ渡る偉大なる智慧の教え

観音様は、かつて深い般若波羅蜜多（仏様の智慧）を実践していたときのことです。私たちの肉体も精神も、皆空《くう》（実体がないこと）であることがわかって、一切の苦しみや災難を克服し、安らかな心へと渡したのです。

照《しょう》見《けん》五《ごー》蘊《おん》皆《かい》空《くう》
度《どー》一切《いっさい》苦《くー》厄《やく》
舎《しゃー》利《りー》子《しー》　色《しき》不《ふー》異《いー》空《くう》　空《くう》不《ふー》異《いー》色《しき》
色《しき》即《そく》是《ぜー》空《くう》　空《くう》即《そく》是《ぜー》色《しき》
受《じゅー》想《そう》行《ぎょう》識《しき》　亦《やく》復《ぶー》如《にょう》是《ぜー》

舎利子《しゃりし》よ。形あるものは、移ろいゆき、さまざまな縁によって、いまあります。また、さまざまな縁があり、移り変わるからこそ、形あるものがあります。形あるものは、常に変化しあらゆるものと関わり合っています。また、すべて変化し関わり合っていることによって、形あるものが存在しています。

私たちが考えたり、感じたり思ったりすることも、形あるものと同じように、常に変化し、あらゆるものと関わっているものです。

舎利子《しゃーりーしー》　是諸法空相《ぜーしょーほうくうそう》
不生不滅《ふーしょうふーめつ》　不垢不浄《ふーくーふーじょう》　不増不減《ふーぞうふーげん》
是故空中無色《ぜーこーくうちゅうむーしき》　無受想行識《むーじゅーそうぎょうしき》
無眼耳鼻舌身意《むーげんにーびーぜっしんにー》
無色声香味触法《むーしきしょうこうみーそくほう》

舎利子よ。この世の森《しん》羅《ら》万《ばん》象《しょう》は、すべて移ろい、お互いに関係を持ちながら存在しています。生ずることもなく、滅することもなく、不浄だからといって嫌うこともなく、きれいだからといって好むこともありません。増えもしなければ、減りもしないのです。

なぜなら、身体や形あるものも、私たちが感じたり、考えたり思ったりすることも、常に互いに関わり合いながら変化している、実体のないものだからです。

無眼界《むーげんかい》　乃至無意識界《ないしーむーいーしきかい》
無無明《むーむーみょう》　亦無無明尽《やくむーむーみょうじん》
乃至無老死《ないしーむーろうしー》　亦無老死尽《やくむーろうしーじん》
無苦集滅道《むーくーしゅうめつどう》　無智亦無得《むーちーやくむーとく》
以無所得故《いーむーしょーとくこー》

視覚も聴覚も嗅覚も味覚も触覚も、第六感もなく、色も声も香りも味も触れるものも、心が感じる対象もなく、目で見える世界も、聞こえたり、香ったり、味わったり、触れたりする世界も、心によって感じる世界もありません。真理が明らかでない無明の状態も、その無明が尽《つ》きる状態がなくなることもありません。

（もともと世界は「空《くう》」なのですから）老いもなく死もなく、また老いと死の苦しみが尽きた世界もありません。

菩提薩埵《ぼーだいさったー》　依般若波羅蜜多故《えーはんにゃーはーらーみーたーこー》

心無罣礙《しんむーけーげー》　無罣礙故《むーけーげーこー》　無有恐怖《むーうーくーふー》

遠離一切顛倒夢想《おんりーいっさいてんどうむーそう》　究竟涅槃《くーぎょうねーはん》

三世諸仏《さんぜーしょーぶつ》　依般若波羅蜜多故《えーはんにゃーはーらーみーたーこー》

得阿耨多羅三藐三菩提《とくあーのくたーらーさんみゃくさんぼーだい》

「苦・集・滅・道」の四つの真理にもとらわれず、智慧にも、また御利益にもとらわれないことです。すべては実体がないので、得るということ自体ないからです。

菩薩は、悟りの世界にいたるための最高の智慧を備えているので、心にさえぎることや妨げがなく、恐怖もありません。

間違った世界観や迷いから遠く離れることで、悟りの世界が開けます。

故知般若波羅蜜多《こーちーはんにゃーはーらーみーたー》
是大神呪《ぜーだいじんしゅー》　是大明呪《ぜーだいみょうしゅー》
是無上呪《ぜーむーじょうしゅー》　是無等等呪《ぜーむーとうどうしゅー》
能除一切苦《のうじょーいっさいくー》　真実不虚《しんじつふーこー》
故説般若波羅蜜多呪《こーせつはんにゃーはーらーみーたーしゅー》　即説呪曰《そくせつしゅーわつ》

最高の智慧を働かせたことによって、過去・現在・未来に通じる真理を知り、究《きわ》まるところのない無上の悟りを得て、空《くう》を知る智慧が完成しました。

これが最高の真理、大いなる悟りの真理です。上限がない無上の真言《しんごん》であり、絶対的な価値を持つ尊い真言です。（般若の智慧は）すべての苦を取り除くことができます。それは、真実であり、虚しいものではありません。

ですから、般若波羅蜜多の智

羯諦《ぎゃーてー》　羯諦《ぎゃーてー》　波羅羯諦《はーらーぎゃーてー》

波羅僧羯諦《はらそうぎゃーてー》　菩提薩婆訶《ぼーじーそわかー》

般若心経《はんにゃーしんぎょう》

※ここに書きました般若心経は拡張新字体で表記しています

慧の完成を説きましょう。つまり、（観音様の）説かれる真言《しんごん》は、

私も皆も、ともに、行こう、行こう。（ぎゃーてー　ぎゃーてー　はーらーぎゃーてー）皆で悟りを円満成就しよう。（はらそうぎゃーてー　ぼーじーそわかー）

これが、最高の智慧の真髄を説くお経、般若心経です。

第2章◎解説・般若心経の教え

1

摩《ま》訶《か》般《はん》若《にゃ》波《は》羅《ら》蜜《みっ》多《た》心《しん》経《ぎょう》

訳◇　彼岸へ渡る偉大なる智慧の教え

すべてを超える心のお経

最初の一行は、般若心経のタイトル（経題《きょうだい》）です。

「摩訶般若波羅蜜多」は、このお経が書かれた古代インドのサンスクリット語の発音に近い漢字を当てたものです。これを「音写」といいます。

では、この経題には、どんな意味があるのでしょう。

「摩訶《マハー》」には、「大きい」「優れている」などの意味があり、「大いなる」「偉大な」と訳します。これは、ほかと比較して秀《ひい》でていることを指すわけではありません。「比べるものがないほど素晴らしい」という普遍的《ふへんてき》な価値を表します。

「般若《パンニャ》」はサンスクリット語ではなく、パーリー語の音写で「智慧」を指します。私たちがふだん使っているのは「知恵」という漢字ですが、これは経験や勉強で得た知識をもとに行動していくことを指します。

一方、仏教の智慧とは、すべてのものは移り変わるという「空《くう》」の考えかたを理解することです。そのために、自分自身を見つめ、真理である「空」とは何かに気づいていく。これが仏教の智慧であり、その方法が般若心経で説かれています。

「波羅蜜多《パーラミタ》」は、「完成」の意味です。仏教での「完成」は何かというと、「彼岸《ひがん》」に達することを指します。「彼岸」といえば、春と秋のお彼岸を思い出す人も多いかもしれません。しかし本来は、「悟りの境地」を指します。波羅蜜多は、悟りを得て、迷いも執着心もない安穏《あんのん》の世界に渡ることを表します。

自分が生きている「此岸《しがん》」から、悟りの境地である「彼岸」に渡ることで、私たちの人生は完成するのです。最後の二文字「心経」の、「心」は仏の教えの核心。そして「経」は、糸を意味します。

糸はサンスクリット語で、スートラといいます。お釈迦様の大切な教えがバラバラにならないよう、きちんと糸で束ねたものを、お経と呼ぶわけです。

つまり、此岸で悩みながら生きる私たちが、悟りを開いて彼岸へ達するために、お釈迦様の偉大な教えを凝縮させた智慧が、これから読んでいく般若心経なのです。

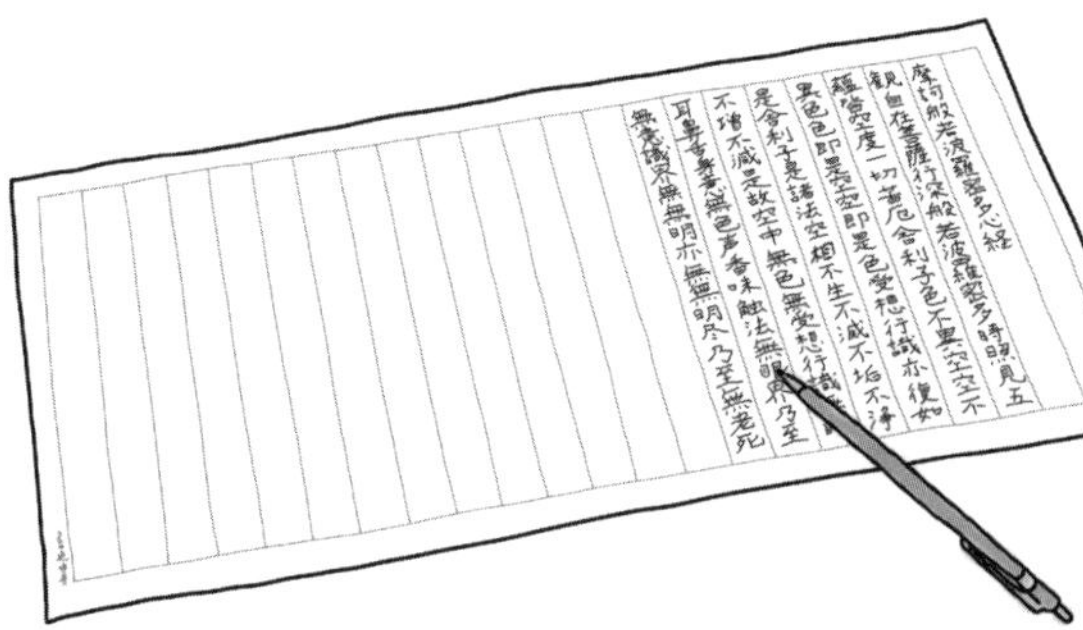

心が
ほっとする
ヒント

「発心」があれば着実に進める

悟りを得ようと志すことを、仏教では「発心《ほっしん》」といいます。発心するという行為は何よりも尊いものです。「般若心経を理解できるだろうか」という心配はいりません。まずは無心になって読んでみてください。一日一ページでもかまいません。忙しくて、数日読めない日があっても大丈夫です。「真理に近づきたい」という発心があれば、必ず一歩ずつ着実に進んでいけます。

2

観自在菩薩《かんじざいぼさつ》

訳◇観音様は

あまねく人々を救う観音様

観自在菩薩とは、いつも私たちの身近にいて、深い智慧と慈悲《じひ》で救ってくださる観音様のことです。般若心経は、観音様がお釈迦様の弟子である舎利《しゃり》子《し》に、空《くう》とは何かについて説く設定で、真理が語られます。

舎利子は実在した人で、お釈迦様の十大弟子のひとり。観音様は、お釈迦様の教えを人格化した存在です。

観音様は古くから、三三の姿に変化《へんげ》して人々を救いに現れるとされてきました。そして、どんな悩みや願いでも優しく受け入れ、聞き届けてくださる仏様として信仰を集めてきました。

そんな観音様のサンスクリット語の呼び名は、「アヴァローキティシュヴァラ」といいます。『西遊記』の三蔵法師《さんぞうほうし》として有名な玄奘三蔵《げんじょうさんぞう》（六〇二頃～六六四）はこの言葉を「観自在菩薩」と訳しましたが、それより二五〇年ほど前にいた鳩摩羅什《くまらじゅう》という僧は「観世音菩薩」と訳しています。

一般的に、観音様の慈悲を説いたときには「観世音菩薩」と訳され、智慧の大切さを説くときには「観自在菩薩」と訳されます。

観音様の「観音」とは「音を観る」と書きますが、これは、単に聞こえてくる音や言葉を聞き取るという意味ではありません。私たちが抱えている悩みや苦しみに心を寄せて観てくださるということです。

そもそもお釈迦様ご自身が、「相手になりきって観る」という観察の修行をされました。そして、人々の声を聞き、心の奥にある不安や苦悩を自分のことのようにとらえ、誰もが救われる道を説いたのです。お釈迦様は、どんなときも相手に合わせ、その人がきちんと理解できるように話しかたを変え、教え諭《さと》されたといいます。その姿を人格化して信仰の対象としたのが、観音様なのです。

仏教には、観音様のほかにもさまざまな仏様がいらっしゃいます。薬師如《やくしにょ》来《らい》、大日《だいにち》如来、地蔵菩薩、弥勒《みろく》菩薩などです。皆、実在してはいませんが、お釈迦様の修行や悟りの内容を、個別に人格化して表現した仏様です。

その中でも観音様は、限りない慈《いつく》しみと智慧で私たちを導き救ってくださる優しさに満ちた仏様です。

心が
ほっとする
ヒント

あなたの心にも「観音様」がいる

観音菩薩は悟りを開き、「如来」という高い位になって彼岸《ひがん》へ渡れる存在です。でも、あえてこの世に残り人々を救ってくださっています。

観音様は「自らの中に在《あ》る菩薩」。

つまり、本来私たちは菩薩であり、心の中に、観音様のような慈悲や智慧があるのです。ですから、誰もが菩薩になれる可能性を持っています。あなたの中にある菩薩の心に触れてみてください。

3

行深般若波羅蜜多時《ぎょうじんはんにゃはらみったじ》

訳◆ かつて深い般若波羅蜜多（仏様の智慧）を実践していたときのことです

般若心経は、「空」を理解するためにある

先ほどお話ししたように、「般若」と「波羅蜜多」は、それぞれ「智慧」と「完成」を意味します。仏教での智慧とは「空《くう》」を理解することですから、この文は「(お釈迦様が)空とは何かを完全に知るために、修行していたとき」という意味です。

ここで注目していただきたいのが、般若の前にある「深」という字です。仏教の世界では、「空」の解釈に「浅《せん》」と「深」の二種類があるのです。「浅般若」は、「空」を虚無的《きょむてき》に解釈したものです。あとでお話しする「色《しき》」(目に見えるもの、身体/45ページ)を否定的にとらえます。そして、「すべてのものは、どうせ移り変わる。世の中とは、はかない」と考えます。

しかし、ものごとを虚《むな》しいととらえるのが「空」ではありません。移りゆく世界をありのまま受け入れて、自分の人生をしっかりと生き抜き、しかも、ものごとにとらわれない。これが本来の「空」であり、仏教の根幹をなす「諸行無常《しょぎょうむじょう》」の考えかたです。また、そのような「空」の受け止めかたが「深般若」です。

「空」を深くとらえる生きかたとは、どのようなことなのか。これからともに、般若心経をひもときながら学んでいきましょう。その予習として、ここでは禅の考えかたをお教えします。

禅では、一見するとマイナスに思えるものごとを、プラスの方向に転じていく考えかたをします。

「空《くう》」を虚しいととらえる「浅般若」ではなく、その虚しさを受け入れ、ひたむきに生きていく「深般若」の立場をとるのです。

たとえば、年をとって病気がちになった自分を「老いてしまった」「若い頃に戻りたい」と嘆《なげ》くのではなく、あるがままに受け入れる。そして「これも人生の味わいだ」ととらえ、体をいたわりながらゆったりとした日々を楽しむ。

それが、禅の考えかたであり、般若心経で説かれている「深般若」の生きかたなのです。

心がほっとするヒント

心穏やかになれる布施の智慧

安らかに生きる智慧の一つに、「布施《ふせ》」があります。布施は、金銭をおさめることと思われがちですが、笑顔を向けること、優しい眼差しや言葉を使うこと、奉仕の気持ちで心配りをしたり、宿や場所を提供することなど、お金がなくてもできる布施もあります。ものごとへのこだわりをなくすのはむずかしくても、これらを実践することで、心穏やかな毎日に変わっていきます。

4

照《しょう》見《けん》五《ご》蘊《おん》皆《かい》空《くう》

訳◆ 私たちの肉体も精神も、皆空《くう》（実体がないこと）であることがわかって

とどまることなく変化している私たち

五蘊とは、端的にいえば、私たち人間のことです。

仏教では、五つの蘊（色《しき》、受《じゅ》、想《そう》、行《ぎょう》、識《しき》）の機能が集まったものが人

間という存在だと考えます。「蘊」は「ウン」と読み、「集まる」こと（曹洞《そうとう》宗《しゅう》のお経では慣習的に「オン」と発音しますが、意味は同じです）。

五蘊の五つの機能「色、受、想、行、識」の中で、「色」は目に見えるものである「肉体」を意味します。そのほかの四つの蘊が「心の働き」です。「受」はものに触れたときにそれを感じ取る作用。たとえば、氷水の入ったコップを手に持って、「冷たい」「重い」と感じる働きです。「想」はものごとの概念をとらえようとする作用。ある出来事やものごとに接した際に「なんだろう」とイメージを働かせることです。「行」は「○○しよう」と意図する心の動き、「識」は「これは○○だ」と認識すること。

これらの四つの働きが集まり、人間の肉体（色）が構成されている。それが、五蘊の意味するところです。般若心経では、その五蘊はすべて「空」であると説いています。これは、どういうことでしょうか。

人間（五蘊《ごおん》）は、一時もとどまることなく変化し続けています。仏教でいうところの「無常」です。さらに人間は、ほかのものと無関係に、単独では存在することができません。これが「無我」です。

人という存在は、常に変わり続け、単独で存在することができない。つまり、私たちには、何ら確固たる実態がない。このことを表す「無常」「無我」を、お釈迦様は「空《くう》」と称したのです。

私たちは、仏の智慧によって、その真実を正しく見ていかなければなりません。それが「照見《しょうけん》（真実を見極める）」です。この真実を正しく見ることができれば、苦しみや執着から自由になれます。

私たちの身体、ひいては、この世に存在するすべてのものは、さまざまな元素が集まって生まれたものです。どんな存在も普遍ではなく、必ずいつか土に帰り、元素に戻ります。この道理（空）がわかったとき、私たちはすべての苦しみや災難から解放されるのです。

心がほっとするヒント

「無常」を前向きにとらえよう

般若心経では、「空」（無常）を虚無的にはとらえません。移り変わるがゆえに尊いと考え、積極的に生きることを説いています。

たとえば、愛する人との別れはつらいものですが、その経験が糧《かて》となって、他人への優しさや人間的な深み、成長の原動力になります。「無常＝寂しい、虚しい」ととらえず前向きにとらえ、いい方向へ転じる生きかたをすることが大切なのです。

5

度《ど》一切《いっさい》苦厄《くやく》

訳◆ 一切の苦しみや災難を克服し、安らかな心へと渡したのです

真理を理解したとき、すべての「苦厄」から解き放たれる

「度」は「渡」を意味するので、「渡す」ことや「引き渡す」ことを表します。では、何を引き渡すのかというと、「一切」の「苦厄」です。

すべての苦厄を引き渡すとは、苦しみや災難を乗り越え、心の平安に満ちた境地にたどり着くことにほかなりません。

つまり、ここでは、私たちが生きている苦しみに満ちた此岸《しがん》から、悟りを開いた平和な世界である「彼岸《ひがん》」へ渡ることを説いています。

仏教でいう「苦厄」とは何なのか、具体的に見ていきましょう。

まず「苦」は、体の痛みなどの肉体的な苦痛、または、怒りや不安などの負の感情を指しているわけではありません。仏教では、苦とは「自分の思い通りにならないこと」だと考えます。

いいかえれば、私たちが抱える「苦」とは、自分の欲や希望が叶えられないことであり、自分自身の執着《しゅうじゃく》に惑わされることです。

また「厄」は、災いや不幸な出来事ではありません。本来の意味は、「息が詰まるような閉塞感《へいそくかん》」「心の扉を硬く閉ざさざるを得ないようなつらさ」のことです。突然のアクシデントやトラブルなどの外的な条件ではなく、心の内側の問題を指しています。

このように、私たちは誰もが、思い通りにならない苦しみや閉塞感、つまり「苦厄」を抱えながら生きているのです。般若心経では、それらすべての「苦厄」を乗り越え、安らかな悟りの境地である彼岸《ひがん》へと向かう道筋を説いています。

その鍵となるのが、前項の「照見五蘊皆空」です。前項で、私たちは、五蘊《ごおん》（身体）はすべて「空《くう》」（無常であり、無我であること）であると学びました。それが何を意味するかというと、自分自身を含めたどんなものごとも、移ろいでいくということです。つまり、すべてのものは変化し、一瞬もとどまることがないのです。

この真理（空）を正しく理解したとき、苦悩を招くとらわれから自由になれます。そして、「苦厄」から解き放たれて、晴れやかに彼岸へ渡ることができるのです。

心が
ほっとする
ヒント

苦しみが人を成長させる

禅では、人生に苦しみがあるからこそ、成長できると考えます。

たとえば、雨の降る日があるからこそ、晴れた日がよりいっそう嬉しく感じられるのです。試練を乗り越えることが、自分をひと回りもふた回りも大きくしてくれます。悲しさやつらさを受け止め、味わい尽くす。これが、苦にとらわれない生きかたであり、人間的に成長していけるありかたです。

6

舎利子《しゃりし》　色不異空《しきふいくう》　空不異色《くうふいしき》

訳◆

舎利子よ。形あるものは、移ろいゆき、さまざまな縁によって、いまあります。また、さまざまな縁があり、移り変わるからこそ、形あるものがあります

「空《くう》」と「色《しき》」は、本質的には同じものである

「舎利子」は、お釈迦様の十大弟子のひとり。「智慧第一」と呼ばれた秀才で、お釈迦様から信頼されていましたが、優秀すぎて不遜《ふそん》な面もありました。

般若心経は、お釈迦様がそんな舎利子に対して、観音様を通じて真理を教え諭《さと》しているかたちで進んでいきます。観音様が「舎利子よ」と呼びかけたあとに続いているのは、「色」と「空」という仏教における重要な言葉の関係です。

復習すると、「色」は目に見えるものや身体、「空」はとどまることなく変化していくことでした。

「不異」は「異《こと》ならず」と読み下します。ですから、「色不異空」を直訳すると、「目に見えるものや身体は、とどまるところなく変化していくものと違わない」となります。

少しまわりくどい言いかたですが、要するに「色」と「空」は異ならない。「色」（物体）は、一瞬も休まず変化していく「空」であるということです。このことについては、すでに「五蘊《ごおん》」の項でお話ししたので納得していただけるでしょう。

「空《くう》」の大原則は、すべてのものに当てはまります、ですから、逆の「空不異色」（空は色《しき》に異ならず）も成り立ちます。

これは、常に移りゆく「空」は、関わり（縁）によって「色」（見えるもの）になるということです。だから、「空」は「色」と異ならない。つまり、「空」は「色」であるわけです。

少しややこしいので、水と氷を例にしてお話ししましょう。

水と氷は、見た目は違いますが、化学成分上はH_2Oですから、まったく同じものです。温度という「縁」によって、水が固まって氷に変化し、また、氷が溶けて水になります。

「色」と「空」も、この水と氷のような関係です。

別物のように見えますが、本質的には同じであり、異なる次元のものではありません。また、「色」という物体と「空」という考えかたを、お互いに切り離して考えることはできないのです。

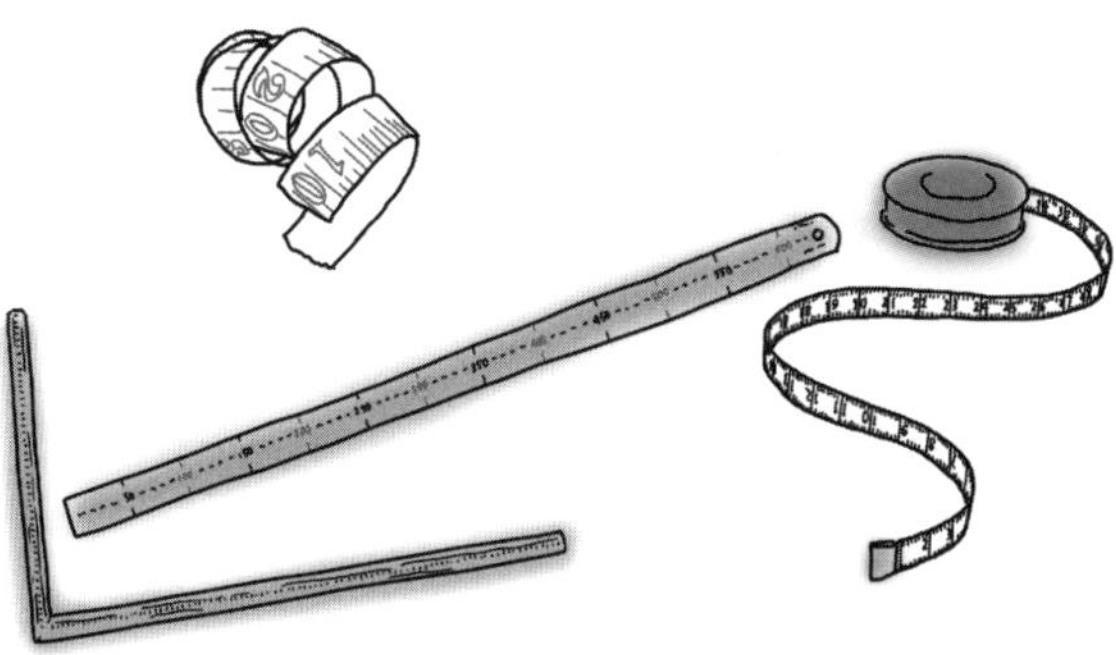

心が
ほっとする
ヒント

自分の物差しから自由になる

私たちはふだん、ものごとの善悪や良し悪しを、自分の物差しで無意識に決めつけています。そこには、偏見《へんけん》や思い込みも混じっています。

しかし人間は皆、変化しながら周囲との関係に支えられて生きています。それがわかれば、自分の物差しで判断することが愚《おろ》かなことだと気づくでしょう。その気づきが、一つの価値観だけにとらわれた心を、自由にしてくれるはずです。

7
色《しき》即《そく》是《ぜ》空《くう》　空《くう》即《そく》是《ぜ》色《しき》

訳◆　形あるものは、常に変化しあらゆるものと関わり合っています。また、すべて変化し関わり合っていることによって、形あるものが存在しています

「色即是空」は、この世の真理を説いている

「色即是空」は、般若心経の中でも有名な一節ですから、あなたも一度は耳にしたことがあるでしょう。

『色《しき》』は、すなわち『空《くう》』である」といっているわけですが、その意味するところは何か。

目に見えるもの（色）は、常に変化し（無常）、あらゆるものと関わり合いながら（無我）存在している。これが、色即是空の説いている真理です。

次に続く「空即是色」は、同じ真理を逆のいいかたで表現しています。

これは、私たちの身体や世界（色）が、すべてのものが移り変わり、関わり合いながら存在している「空」によって、つくられていることを表します。

たとえば、同期で入社した新入社員が一〇人いたとします。その一〇年後を思い浮かべてください。

当たり前のことですが、彼らは初々《ういうい》しい新人のままではありません。それぞれの経験を経て、立派な社会人になっています。ものごとは常に移り変わるという無常の真理が、ここに表れています。

また、一〇人の中には、すでに転職している人もいれば、出世してバリバり活躍している人もいるでしょう。あるいは、「この仕事を続けていいのだろうか」と迷いながら働いている人もいるかもしれません。

これは、関わってきた人間関係や仕事の内容によって、その人が変化した結果です。はじめは誰もが同じ可能性をもった新入社員だったのに、その人のもつ縁によって、それぞれに変化が生じたわけです。このことは、人間がまわりとの関わりと無縁でいられないという「無我」の真理を表しています。

この例でもわかるように、この空《くう》（無常無我）によって、私たちの世界や身体は成り立っているのです。いいかえれば、日常では自覚できなくとも、自分自身も含めて世界のすべては、周囲と関わり合いながら、一瞬も止まることなく時々刻々と移ろいでいるわけです。だからこそ、「いま」というこのひとときが、かけがえのない輝きを放つのです。

これに気づけば、二度と戻ることのないこの瞬間を、ていねいに、そして懸命に生きることがいかに大事なことか、感じ取っていただけるでしょう。

心が
ほっとする
ヒント

「知足」の智慧が豊かさを生む

こだわりや欲をゼロにするのは誰にとってもむずかしいことでしょう。しかし、「知足《ちそく》（足るを知る）」の考えを持てば、本当の「満足」を知ることができます。欲に振り回されていると、その欲がまた新しい欲望を生みますが、「これで十分」という気持ちを知れば、平穏に過ごせるのです。平和な心と本当の豊かさをもたらしてくれるのは、この「知足」の心がまえです。

8

受《じゅ》想《そう》行《ぎょう》識《しき》　亦《やく》復《ぶ》如《にょ》是《ぜ》

訳◇

私たちが考えたり、感じたり思ったりすることも、形あるものと同じように、常に変化し、あらゆるものと関わっているものです

私たちの心は、常に移ろいでいる

これまでの部分では、「色《しき》」（目に見えるもの、身体）は、常に変化しながら、さまざまなものと関わり合い存在していること（空《くう》）が語られてきまし

ましょう。

般若心経の核となるこの真理をさらに理解していくために、次へ進みました。

この一節では、「受、想、行、識」も、「色」と同じで「空」であると説いています。

「受、想、行、識」は、心の働き。人間の機能である五蘊《ごおん》の中の四つであることは、すでにお話ししました。これらの心の働きも、身体（色）と同じように「空」であると、ここではいっています。

身近な例を挙げましょう。たとえば、好きな人と会って「嬉しい、楽しい」と心が弾むのが「受」。ものごとを感じ取る作用です。

相手を「好きだ」と思う気持ち、ものごとの概念をとらえる作用が「想《そう》」です。「行《ぎょう》」は、「ずっと一緒にいたい」「また会いたい」と心が動く作用。「〇〇しよう」と気持ちが働くことです。

その気持ちにしたがって、好きな人に告白して思いが通じ、相手を「恋人」だと認識することが「識《しき》」です（もしフラれたとしたら、「思いが通じなかった」と受け入れることも、また「識」となります）。

しかし、たとえ恋人になったとしても、幸せが長く続くとは限りません。ケンカ別れすることもあります。

あるいは、めでたく結婚したとしても、長い人生の中では夫婦関係に波風が立つこともあるでしょう。幸運なことに「おしどり夫婦」で老後を迎えられたとしても、いつかは必ず「死」という別れがやってきます。

あなたもすでに知っているように、同じ思い、同じ感情がずっと続くことはないのです。

このように考えると、「受《じゅ》、想、行、識」も、「空《くう》」であるという真理を理解していただけるのではないでしょうか。

心が ほっとする ヒント

私たちの心にある「仏性」

執着や不安、嫉妬などで心が疲弊し、落ち着かない様子は、池の表面に風が吹き、さざ波が立つ状態に似ています。しかし、水面は波立っても、池底の水が動くことはありません。同じように、私たちの心の奥底にも、一点の汚れもないきれいな心「仏性《ぶっしょう》」があります。

その仏性を見い出すのが禅の目的です。そのために自分を律し、目の前のことに無心に取り組むのです。

9
舎利子《しゃりし》　是諸法空相《ぜしょほうくうそう》

訳◆舎利子よ。この世の森羅万象は、すべて移ろい、お互いに関係を持ちながら存在しています

身近な自然が教える真理の大切さに気づく

観音様は、また「舎利子よ」と呼びかけます。改めて、「舎利子よ、聞きなさい」と観音様が強調するほど重要な真理が、ここでは伝えられます。

それが、「諸法空相」。わかりやすくいえば、「諸法は、空《くう》なのですよ」というシンプルな言葉です。ただし、その意味するところは深く、また人生の意味を理解する上で大切な意味を含んでいます。

まず、「諸法」から見ていきましょう。「法」には、たくさんの意味があり、一般的には「真理、教え、法律」を意味します。しかしここでは「諸法」と複数形になっていますので、指しているのは、「ことがら」や「現象」、「出来事」など。つまり、世の中の森羅万象です。

世界の森羅万象は、「『空』の相である」といっているわけですが、どういうことでしょうか。この場合の「相」は、体型や容姿などの外面的な「見かけ」を指すのではありません。「目には見えない内面的なもの」を象徴している様子を表します。「家相」や「手相」などは、この意味で使われています。別の言葉にすれば、「特徴」や「特質」といっていいでしょう。

ここでお釈迦様は、森羅万象は「空」の特徴を持つと説かれているのです。

森羅万象とは、生きとし生けるもの。何千年何万年もの時をかけて育まれた自然、私たちを取り巻く宇宙……。それらがすべて、「空《くう》」である。刻々と移りゆき、お互いに影響を与え合いつつ存在している。お釈迦様はこれを、舎利子に、ひいては、私たちに伝えたかったのです。

この「諸法空相」をもっとも身近で教えてくれているのが自然の姿です。春が来れば、日差しがやわらいで鳥が鳴き、花開く。夏には緑が青々と茂り、灼熱《しゃくねつ》の太陽が大地を照らす。実り豊かな秋が過ぎ、雪に埋もれる冬が訪れ、再び春が巡《めぐ》ってくる。

まさに、自然は「空」の様相をまざまざと体現しています。そして、四季のはっきりした日本で暮らす私たちは、自然との触れ合いを通して、お釈迦様の説いた真理を見出していくことができます。

日々の雑事に追われる私たちだからこそ、身の回りの自然に触れ、この世の本質に気づいていくことが大切です。

心が
ほっとする
ヒント

心の「色眼鏡を」外して話を聞く

人からものごとを学ぶ際には、真剣に聞くこと、そして素直な心で聞くことが大切です。そのために、まずは相手の目をまっすぐ見て、話を聞きましょう。目には、言葉にはならないその人の気持ちが表れていま す。ただし、心に「色眼鏡」をかけていると、話にバイアスがかかってしまいます。クリアな心で、偏った見かたをしないように意識しながら聞くと多くのことを学べるでしょう。

10

不《ふ》生《しょう》不《ふ》滅《めつ》　不《ふ》垢《く》不《ふ》浄《じょう》　不《ふ》増《ぞう》不《ふ》減《げん》

訳◆生ずることもなく、滅することもなく、不浄だからといって嫌うこともなく、きれいだからといって好むこともありません。増えもしなければ、減りもしないのです

比較の心にとらわれない智慧がある

ここは、「不」が繰《く》り返《かえ》される印象的な一節です。

ストレートに訳すなら、「生まれもせず死にもせず、汚くもなくきれいで

もなく、増えもせず減りもしない」となりますが、お釈迦様が私たちに伝えたい真理は、この訳では表せません。

この一節でポイントとなるのは、「不」をどのように解釈するかです。一般的に、「不」は否定の意味で使われます。しかし、この場合の「不」は単なる否定ではありません。否定しながらも、それを肯定すること。つまり、否定を新たな高みへ昇華させていくことを意味します。

といわれても、いま一つピンとこないかもしれませんね。

ここでは、「不」を「こだわらないこと」「とらわれないこと」ととらえましょう。そうすると、この一節の意味が明確に立ち上がってきます。

「不生不滅」は「生まれず死なず」ではなく、生も死も超えて、生死とは何であるかを考えること。いいかえるなら、生にも死にもこだわらず、生死に関して一喜一憂しないことを指します。

「不垢不浄」は、「汚いから」「きれいだから」といった感覚を超えること。

つまり、俗世の価値基準で美醜によって好き嫌いを判断したり、比べたりしないということ。

「不増不減」は、その言葉通り「増えることも減ることもない」という意味です。たとえば、あなたが誰かから批判されようと、あるいは、ほめられようと、あなた自身が変わるわけではありません。

何があろうと、増えることも減ることもない。人間は、「不増不減」の存在です。ですから、既成の価値観にこだわったり、他人や世間の評価にとらわれたりする必要はないのです。

とらわれないとは、比較をしないことです。比較は、人の心に苦しみを生みます。そこから自由になるための智慧を、この一節は説いているのです。すべてのものごとは、人智を超えた「縁」から生じています。その縁を淡々と受け取り、自分なりに精いっぱい生かしていく。そんな生きかたを選ぶための大事なヒントが、ここでは説かれているのです。

心が
ほっとする
ヒント

別れの悲しみを乗り越える

愛する人との離別が訪れたときは、悲しみを抑える必要はありません。気が済むまで悲しみにひたり、思う存分泣きましょう。十分悲しんだあとは、大切な人の心を継ぐことを考えてみてください。その人が遺《のこ》した思いを継ぐためにできることを考えていくと、亡き人の遺志はずっと生き続けます。そして、悲しみをステップとして、あなた自身の生きかたを向上させていけるのです。

11
是故空中無色《ぜこくうちゅうむしき》　無受想行識《むじゅそうぎょうしき》

訳◆なぜなら、身体や形あるものも、私たちが感じたり、考えたり思ったりすることも、常に互いに関わり合いながら変化している、実体のないものだからです

身体にも心の動きにも、実態がない

一節目の「是故空中」は、わかりやすくいえば、「空《くう》の真理でいえば」といった意味です。読み下しは「是《こ》の故《ゆえ》に空の中には」で、次に「無色（色《しき》で

は無い）」と続きます。

口語にすると、「空の真理では、色（身体・物）は、実態がない」と、ここではいっています。すべては「空」であり、他者との縁で成り立っていて、やがて移ろい滅びていきます。ですから、当然、私たちの身体もまた「無」であるわけです。

二節目では、「受、想、行、識」（四つの蘊／36ページ）も、「無」であると説かれます。ものを感じたり、考えたり、認識したりすることも、色と同じように、実態がない。そういっているのです。

「そういわれても、実際に自分の身体はここにあるし」と戸惑《とまど》うかもしれません が、単に「無い」と説いているわけではありません。

ここでいう「無」とは、「超えていく」という意味です。身体や、「受、想、行、識」で表される心の働きにとらわれず超えていく。

具体的には、さまざまなことを感じて認識し、「こうしよう」と意図することにとらわれない。それが、ここでいう「無」ということです。

確かに、心はさまざまな出来事に出会い、いろいろなものを見聞きして、くるくると変化していきます。

しかし、その時々で感じたり思ったりすることに、自分自身がとらわれなければ、変化に惑わされることなく、のびやかな気持ちでいられます。

たとえば、つい人と自分を比較して落ち込んだり、他人をうらやんだりすることは誰にでもあります。すぐ心を切りかえることができればいいのですが、ずっとその思いにとらわれてしまうのは、心に惑わされている状態です。

その状態を超えていくためには、人は人、自分は自分であり、それぞれが絶対的な存在だと知ることです。一〇人いれば、一〇人とも絶対的な存在なのですから、自分の能力を信じて、与えられたことをまっとうしていけばいいのです。そのためにも、「色《しき》、受《じゅ》、想《そう》、行《ぎょう》、識《しき》」が「空《くう》」であると理解することが、必要になってくるのです。

心が
ほっとする
ヒント

やるべきことに集中すれば、結果はついてくる

向上心を持つのはいいことですが、「あの人に勝ちたい」「人にほめられたい」という目的のためにがんばるのは、苦しみを生むだけです。人と自分を比べ始めると、やがて嫉妬や焦《あせ》りにつながってしまうのです。すると、あなたが持つ本来の力を発揮することができません。他人の目や評価を気にせず、いまやるべきことに集中しましょう。必死で取り組んでいれば、結果は必ずついてきます。

12

無《む》眼《げん》耳《に》鼻《び》舌《ぜっ》身《しん》意《い》

訳◇視覚も聴覚も嗅覚も味覚も触覚も、第六感もなく

五感も、第六感も超えて、悟りを目指す

「眼耳鼻舌身意」は、別名「六根《ろっこん》」とも呼ばれます。

眼、耳、鼻、舌、身体が持つ五感（五根《ごこん》…視覚、聴覚、嗅覚、味覚、触

覚）に、第六感（意根《いこん》）を加えたもの。

修験道《しゅげんどう》の修行や富士登山などで、修行者が「六根清浄《しょうじょう》」と唱えながら山道を登りますが、これは、登るごとに六根を清めようというものです。

五根は、目や耳など、私たちが外からの影響を受け取る感覚器官であり、意根は、五感によって生じる心の働きを表すともいえます。

この一節では、その六根の上に「無」とあります。ですから、前項と同じように、六根を「超えていかねばならない」と説かれているわけです。

それはなぜか。答えは明快です。悟りとは、五感がとらえた感覚や第六感の働き、つまり、六根を超えたところにあるからです。

では、六根を超えるとは、どのようなことでしょう。

まず、六根のしくみから見ていきます。人間の心は、視覚や聴覚など、五感で何かに触れることによって動きます。

たとえば、美しい花を見れば「きれいだな」と感動し、「この花が欲しい」と思います。また、大きな騒音が聞こえてくれば「うるさいな」と不快になるものです。

このように、五感が刺激を受ければ、そこには必ず判断があり、心の揺れが生まれます。そして、私たちの苦しみはその揺れから生まれるといえます。

しかも、その判断は人によってさまざまです。同じものに接しても、その人の経験や嗜好《しこう》、感覚によって、まったく別の働きが生じます。

たとえば、同じ料理を食べたとして「絶品だ」と感じる人もいれば、「好みの味ではない」と思う人もいるでしょう。また、クラシック音楽をうっとりしながら堪能《たんのう》する人もいれば、退屈だと感じる人もいるはずです。

このように、同じものごとに接したとしても、人それぞれに六根《ろっこん》の働きは違います。そして、その違いが争いを生むのです。

これもまた、般若心経が、六根を超えて、ものごとをあるがままにとらえていくことが大切だと教える理由の一つだといっていいでしょう。

心がほっとするヒント

「守破離」スタイルで、心のとらわれから放れよう

能の大成者世阿弥《ぜあみ》は、「守破離《しゅはり》」という言葉を残しました。「守」は、型を守ること。「破」は、型を一度打ち破ること。「離」は、型を離れて、新しいものを創造すること。「守破離」は、一歩距離をおいて見る習慣の大切さを示唆《しさ》しています。自分のスタイルにこだわることなく、常に変化していく。心のとらわれから自由になるために、この姿勢を忘れないようにしてください。

13

無《む》色《しき》声《しょう》香《こう》味《み》触《そく》法《ほう》

訳◆色も声も香りも味も触れるものも、心が感じる対象もなく

外からの刺激に惑わされず、超然と生きる

「色声香味触法」は、「六境《ろっきょう》」と呼ばれます。「六境」とは、前項の六根《ろっこん》(眼耳鼻舌身意)が、感じ取る対象物のこと。それぞれ、眼↓色、耳↓音

（声）、鼻→香、舌→味、身→触、意→法となります。

改めていうまでもなく、「六境」は、私たちにさまざまな影響を与えます。特に、現代に生きる私たちの周りは、欲望をかき立てる六境にあふれています。

目や耳から入る刺激のほかにも、漂う香りや臭気、飲み物や食べ物、肌に触れるものの感触、そして、そこから生じる心の働きに私たちは翻弄《ほんろう》され、踊らされている……。これは、先ほどお話ししたとおりです。

その象徴的な例が、暮らしの中にあふれている情報です。

たとえば、スマホやパソコンを開けば、いくらでも刺激的な画像や映像が目や耳に飛び込んできます。

あなたもつい、ちょっとしたスキマ時間に、何気なくスマホを開いてしまうことはないでしょうか。そして、そこから流れてくるニュースやＳＮＳの情報に一喜一憂したり、ショッピングサイトのＣＭに欲望をかき立てられたり、動画サイトにハマったり……。

そんな環境で揺れ動いている私たちの心には、知らずしらずのうちに、煩《ぼん》悩《のう》が生まれています。まず、そのことに気づく必要があるでしょう。

このように煩悩を生む六境《ろっきょう》は、六つの塵《ちり》（六塵《ろくじん》）とも呼ばれています。六根と六境（六塵）を合わせて、「十二処《じゅうにしょ》」といい、六つの心の働きである六識《ろくしき》を合わせて「十八界《じゅうはちかい》」と呼びます。

この六根、六境（六塵）、六識、つまり十八界がすべて「無」であると説き、それを超えていけと教えているのが般若心経です。

十八界を超えるとは、目で見たもの、耳で聞いたこと、鼻に届く香り、舌で味わう甘さや辛さ、心で思うこと……、それらに支配されるのではなく、超然として生きることです。

そのために、まずは、ほんのわずかの時間でいいので、スマホを置いて、煩悩の原因となる情報から離れてみてはどうでしょうか。

心が
ほっとする
ヒント

目の前にある山は、本当に「山」なのか？

禅には、「山は山にして、山に非《あら》ず」という言葉があります。私たちは「これは山だ」と考えますが、そこには草木や動物、土や岩があります。さらにいえば、それらは元素が寄り集まって成立したものです。また、海や川は人間にとっては「水」ですが、生き物にとっては「家」でしょう。自分の解釈で、勝手に「これは○○だ」と決めつけることの危うさや愚かさに気づきましょう。

14

無《む》眼《げん》界《かい》　乃《ない》至《し》無《む》意《い》識《しき》界《かい》

訳◆目で見える世界も、聞こえたり、香ったり、味わったり、触れたりする世界も、心によって感じる世界もありません

「思い込み」が悩みや苦しみを生む

「眼界」は、六根《ろっこん》（68ページ）のうち、眼で見える「視界」を指します。「乃至」は省略を表すので、ここでは、ほかの四つの根、耳界（聴覚）、鼻界

心がほっとするヒント

規則正しい生活が固定観念を変える

規則正しい生活こそ、固定観念や思い込みを変えるきっかけになります。一日三食きちんと食べて、同じ時間に起きて寝るなどの習慣を続けてみるのです。すると、昨日と同じだと思っていた生活の中にも、いろいろな変化があることを発見できるでしょう。その瞬間瞬間をていねいに生きていくと、日々の小さな変化に気づき、毎日が新鮮な驚きに満ちていきます。

15

無《む》無《む》明《みょう》　亦《やく》無《む》無《む》明《みょう》尽《じん》

訳◆真理が明らかでない無明の状態も、その無明が尽きる状態がなくなることもありません

命ある限り、一歩ずつ前進する

「無明」とは、サンスクリット語で「アギドヤー」といい、真理を正しく理解していないことを指します。ふつうは「愚痴《ぐち》」と漢訳されますが、私たち

がふだん使うグチの意味ではなく、「真理が明らかでない」という意味です。

仏教では、原因（因）があって結果（縁）が生まれると考え、苦しみが起きる因縁《いんねん》を一二個特定し、「十二因縁」と呼んでいます。その最初に挙げられるのが、この「無明」です。

十二因縁の最初に、この「無明」がきているのはなぜか。

いうまでもなく、私たちが、真理について正しく理解していないことが、苦しみが生まれる最大の原因だからでしょう。

ここでは、その「無明」の上に「無」がついています。

これまで、「無」とは「ない」ことではなく「超えていくこと」だと学んできました。もちろん、「無明を超えていく」という意味も含まれますが、ここはストレートに、「ない」と解釈します。

この世は真理によって動いています。ですから、本来であれば「無明」は存在しないのです。

二節目の「無無明尽」は、「無明が尽きることはない」という意味です。

先ほどお話ししたように、そもそも無明はないはずですし、誰でも「無明は尽きて欲しい」と思っています。しかし残念ながら、人生において無明の状態が消えることはありません。どんなに「悟りを開いた」と思っても、生きていれば、迷いや悩みは生まれ続けます。

ですからこそ、私たちは生きている限り、悟りを目指して一歩ずつ進んで行かなければならないのです。

「なんと果てしない道のりだろう」とため息が出るかもしれませんが、気楽にとらえてください。力《りき》まず焦らず、ひょうひょうと進めばいいのです。

そのためには、家事でも仕事でも、趣味でもいいので、眼の前にあるものごとに没頭することです。ほんの一瞬でもかまいません。心に振り回されず、集中する時間があれば、その瞬間は、「無明」の状態から一歩抜け出せているといえるでしょう。

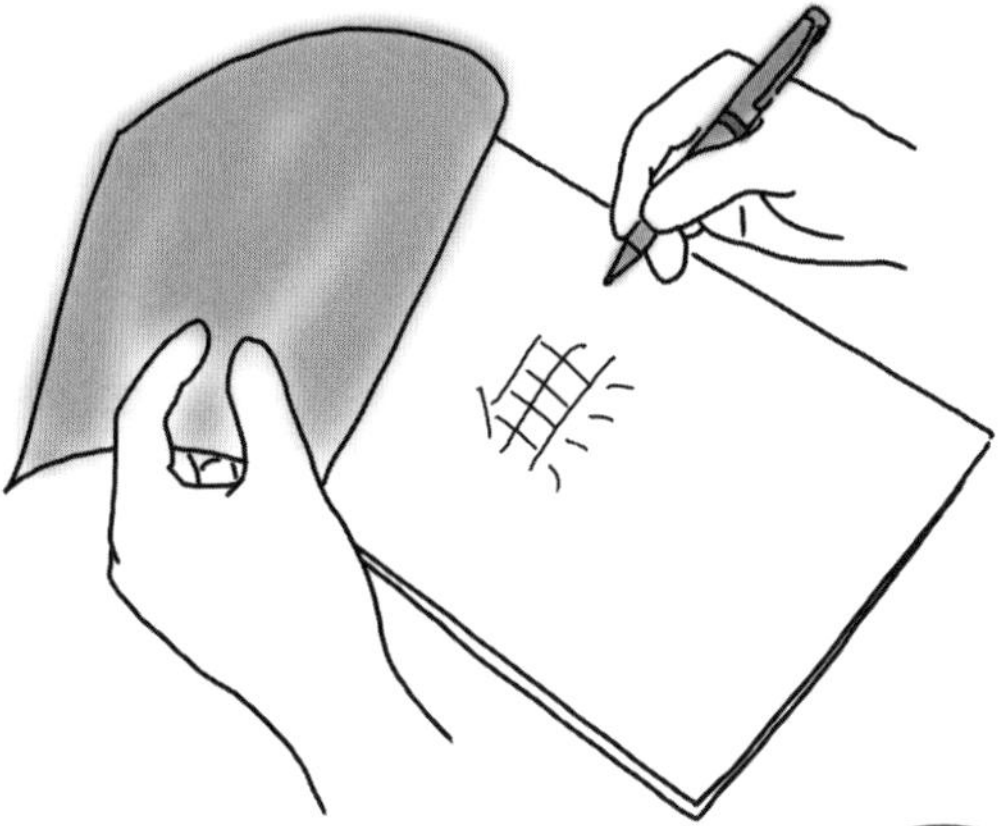

心が
ほっとする
ヒント

心が自由自在になれる三昧の境地

「無」とは心をどこにもとどめず、自由自在にしておくこと。こだわりや迷いを捨て、いま、なすべきことをなすことです。禅では、これを「三昧《ざんまい》三昧《ざんまい》大三昧《おおざんまい》」といいます。「三昧」とは、対象物に集中し、雑念を捨てて没頭しきっている状態です。無心になって取り組むと、自分が心地いいだけでなく、充実した時間を過ごせます。そんな時間は、気づくと思わぬ成果も上げているものです。

16

乃《ない》至《し》無《む》老《ろう》死《し》　亦《やく》無《む》老《ろう》死《し》尽《じん》

訳◆（もともと世界は「空《くう》」なのですから）老いもなく死もなく、また老いと死の苦しみが尽きた世界もありません

「老い」も「死」も超え、いまを生きる

「乃至」は「省略」を意味し、ここでは、前項でお話しした十二因縁の一番目である「無明」以降、最後の「老死」まで省略することを表します。

省略されるのは、行《ぎょう》（行為）、識《しき》（認識）、愛（渇愛《かつあい》）、取《しゅ》（執着）、生（生まれること）など。人生で迷いや悩みの原因になることがらです。それらの悩みの最後には、「老い」と「死」の苦しみが私たちを待っています。

すでにご存じの通り、「無」は、こだわらないことやとらわれないことですから、「無老死」とは、「老いや死の苦しみがない」という意味ではありません。老死の苦しみを超えて進むことを説いています。

人間の死亡率は、一〇〇％。平穏で幸せな人生を送った人にも、あるいは、辛酸《しんさん》を嘗《な》めるような日々を過ごした人にも、死は平等に訪れます。また、その前段階である「老い」を免《まぬが》れることは誰にもできません。ならば、その苦しみを乗り越えていくしかない。それが、この一節の教えです。

「無老死尽」は、「老死の苦しみが尽きた世界はない」といっているわけではありません。私たちの身体は、もともと「空」ですから、老死にとらわれて苦しむ必要はない。つまり、老いることを嫌がったり、死ぬことを忌《い》み嫌ったりせず、「老いや死へのこだわりを超えよ」といっているのです。そうはいっても、「老いたくない」「死にたくない」と思うのが人情かもしれません。しかしそれは、死ぬと何もかも「無」に帰すのだと、とらえているからではないでしょうか。

仏教では、死とは、仏様からお預かりした命を、あの世でお返しすることだと考えます。私たちは、この世に生を受け、命をもって存在するという縁を授けられました。その生が終わり、ご先祖様が待つ仏国土《ぶっこくど》に還《かえ》っていく。これが、死なのです。

そう考えれば、死をむやみに怖れたり、不安に思ったりしなくてもよくなるのではないでしょうか。いずれにしても、死がいつ訪れるかは誰にもわかりません。そうであれば、与えられた「いま」を最大限に生ききる。私たちにできることは、それしかありません。いつか「そのとき」が来るのであれば、運を天に任せておくのが賢明だといえるでしょう。

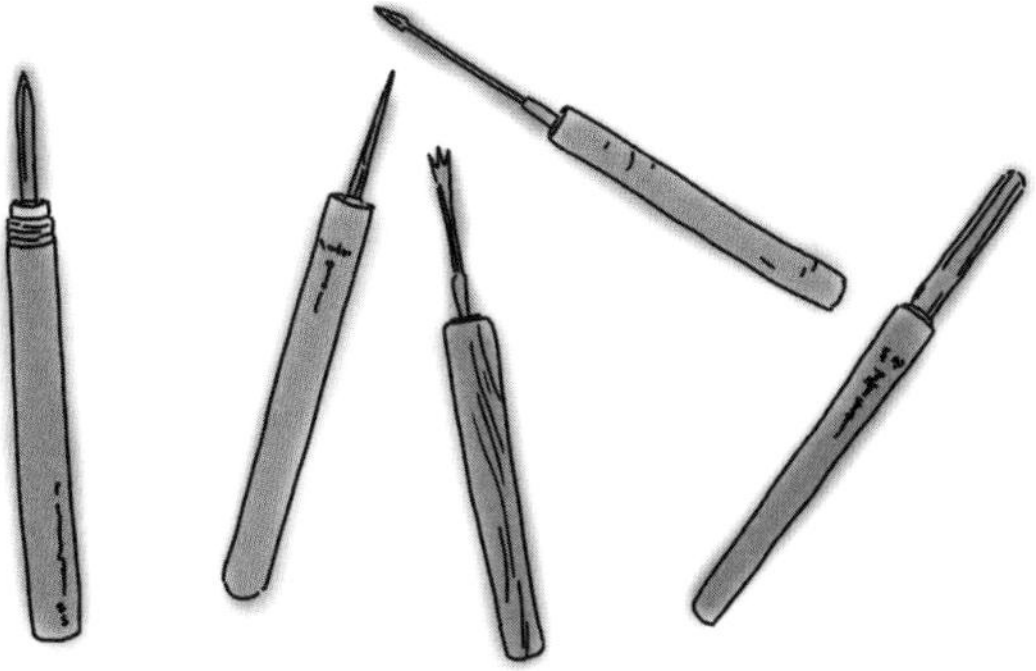

心が
ほっとする
ヒント

年齢を重ねるからこそ出てくる存在感がある

「閑古錐《かんこすい》」という禅語があります。古い錐《きり》のことです。使い込まれた錐には、新品のような鋭さはありませんが、新しい錐にはない、独特の風格や使い勝手のよさがあります。そのように、「時間を経たからこそ出てくる味わい深さに目を向けよ」という意味の言葉です。老いと死を前向きにとらえ、年を重ねなければ得られない魅力や存在感を、ぜひ身につけていきたいものです。

17

無《む》苦《く》集《しゅう》滅《めつ》道《どう》　無《む》智《ち》亦《やく》無《む》得《とく》

訳◆「苦・集・滅・道」の四つの真理にもとらわれず、智慧にも、また御利益にもとらわれないことです

真理にも悟りにも、とらわれない

これまでの項に続いて、「無」（とらわれてはいけないもの、超えていくべきもの）が説かれていきます。ここで挙げられているのは、「苦集滅道」

「智」「得」の三つです。一つずつ見ていきましょう。

「苦・集・滅・道」は、「四諦《したい》」と呼ばれる仏教の教えの根本。それぞれ「苦諦《くたい》・集諦《じったい》・滅諦《めったい》・道諦《どうたい》」を表します。

「諦」は「あきらめる」と読みますが、仏教的な意味は「明らかにすること」。すなわち、お釈迦様が示された真理をはっきりと示すことをいいます。

その四つの「諦」とは、次のような真理です。

- 苦諦…人生とは、「苦」である。
- 集諦…「無常」を知らないことや執着などの煩悩《ぼんのう》が、苦の原因である。
- 滅諦…無常を知り、執着にとらわれないと、苦を滅することができる。
- 道諦…八つの正しい道（八正道《はっしょうどう》）を行うと、苦を滅し、悟りへいたることができる。

「八正道」も仏教の基礎となる教えですから、簡単に紹介しておきましょう。

八正道とは、正見《しょうけん》（正しくものごとを見る）／正思惟《しょうしい》（正しくものごとを考える）／正語《しょうご》（嘘偽《うそいつわ》りのない、正しい言葉を話す）／正業《しょうごう》（正しい行いをする）／正命《しょうみょう》（仏の教えに従った正しい生活をする）／正精進《しょうしょうじん》（日々精進し、正しい道にいたる）／正念《しょうねん》（邪念を捨て、正しい思いを持つ）／正定《しょうじょう》（正しい方法で精神集中し、心を安定させる）の八つです。

「四諦《したい》にとらわれるな」とは、決して「四諦の教えを無視するな」といっているわけではありません。「四諦を知り、そこに留まらず、さらに一歩進め」と説いています。

続く二節目の「智」は「智慧」を、「得」は「御利益」を指します。これは、「仏の智慧にも、智慧がもたらすご利益にもとらわれてはいけない」という意味ですが、これも「智慧や御利益を欲するな」という意味ではなく、「いままで学んだ智慧も御利益も投げ出して、前に進め」と説いているのです。悟りには「完成」がありません。常に、手にしたものを捨て続け、前進する。その道を、般若心経は示しています。

心が
ほっとする
ヒント

苦から自由になるための八正道を進むには

悟りへいたるための道「八正道」は、道徳的な意味での「正しい道」ではありません。「正」とは、お釈迦様の教えに忠実に沿っていることです。実践することが八つもあって大変だと思うかもしれませんが、自然体でいいのです。無理に守ろうとすると、かえってその思いがとらわれになってしまいます。これなら自分にできそうだと思うことを、まずは一つ選び、実践してみましょう。

18

以《い》無《む》所《しょ》得《とく》故《こ》

訳◆ すべては実体がないので、得るということ自体ないからです

「自分のもの」は、何一つないと知る

ここは、「得る所なきを以《も》っての故《ゆえ》に」と読み下します。「あなたが得るものなど、何もないから」という意味です。

「所得」とは、収入のことではありません。「自分が手にしているものすべて」を指します。ですから、この「無所得」とは、「あなたが持っているものは、実は何一つない」といっているのです。

当然のことながら、いまあなたは、「いや、私はいろいろなものを持っている」と反論したいでしょう。

いま着ている服や家や車、生活雑貨、趣味の道具、スマホやパソコン、電化製品。または、日々活動する環境や家族や友人などの人間関係……。確かに、有形無形を問わず、私たちは、さまざまなものを「持って」います。

そして、「この世で手に入れたものをずっと持っていたい」「もっと多くを手に入れたい」と考え、その思いが、執着や欲を生み出しています。しかし、あの世に旅立つときには、何一つ持っていくことはできません。

何よりも、自分のものだと思っているこの身体すら、思うようになりません。これまで見てきたように「色即是空」（48ページ）であり、身体（色《しき》）

ですら、実体がない（空《くう》）なのですから。

その証拠に、「病気になりたくない」と、どんなに健康に気をつけていても、病《やまい》を得ることはあるものです。あるいは、突然の事故に遭《あ》ってケガをすることもあります。

さらにいえば、「髪を伸ばしたい」「身長を高くしたい」と思っても自分ではできませんし、思い通りに心臓や胃を動かすこともできません。つまり、生まれてから死ぬまでつきあうこの身体さえ、自分のものではなく、いつかは土にかえる「空」なるものなのです。

これが、持っているものは何一つない。「得るものなど何もないから」のいわんとしていることです。

身体も含めて、すべては縁によって、たまたま自分のもとにやってきた「預かりもの」なのだから、とらわれてはいけない。これを本当に理解することが「般若の智慧」なのです。

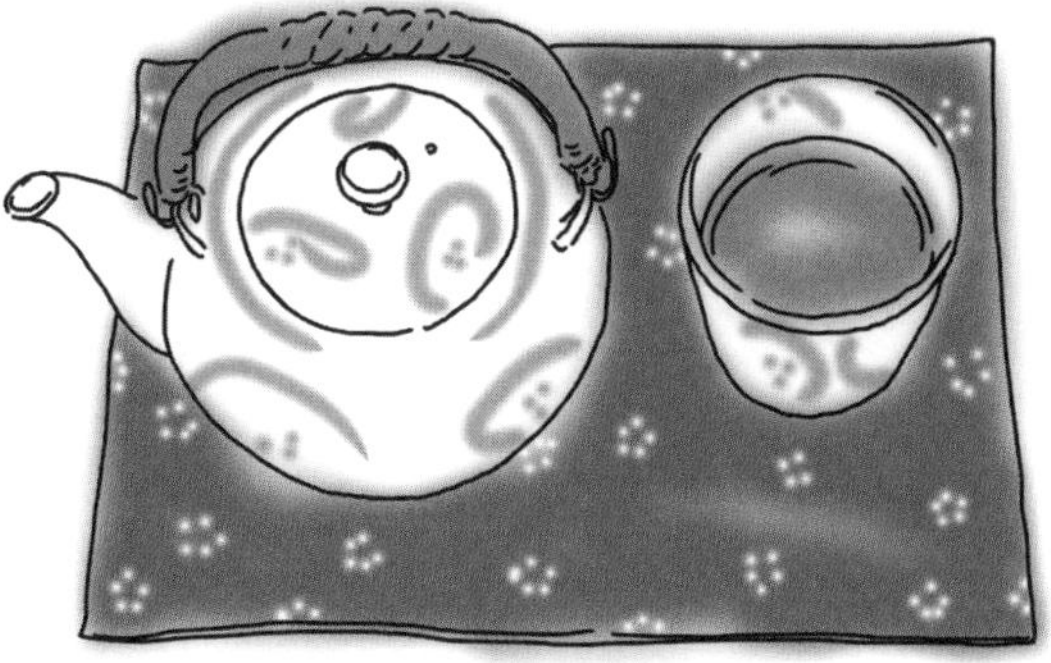

心が
ほっとする
ヒント

お茶を、ゆっくり味わい悟りそのものになる

忙しい毎日の中で今日はひと休み。好きなお茶をていねいに淹《い》れ、香りを楽しみ、一口ずつ味わってみましょう。「喫茶去《きっさこ》（お茶でもどうぞ）」という禅語がありますが、深い意味を持っています。お茶を飲むときは無心になり、お茶そのものになりきって味わうこと。この瞬間にひたすら集中しきっていくことを指すのです。禅ではそれが、悟りそのものだと考えます。

19

菩提薩埵《ぼだいさった》　依般若波羅蜜多故《えはんにゃはらみったこ》

訳◇菩薩は、悟りの世界にいたるための最高の智慧を備えているので

修行を重ねる姿にこそ、真理がある

「菩提薩埵」は、サンスクリット語の「ボディーサットバ」の音を漢字にしたものです。「菩提」は「悟り」を、「薩埵」は「人」を意味しますから、菩

提薩埵は、悟りを求める人。つまり、修行者を表します。「観自在菩薩」の「菩薩」は、この言葉を略したものです。

観音様が「修行者」だとは意外かもしれません。しかし、お話ししたように、菩薩は悟りを開き「如来」になって彼岸《ひがん》に渡れる存在でありながら、あえてこの世で修行を続け、私たちを救ってくださっています。

では、仏教における修行とは、どのようなことでしょうか。

それは、般若（智慧）を得て悟りを開くための道を進んでいくこと。

自分の身体にも、心にも、持ちものにも、とらわれず生きることです。

仏教は、その般若を完成させるべく精進するための教えであり、人間そのものを完成させていく教えなのです。

第二節の「般若波羅蜜多」（32ページ）は、その智慧が完成することを表します。ですから、かみくだいていうと「悟りにいたるための智慧をすでに完成させているのだから」といった意味合いです。

前後の節を合わせると、「観音菩薩はすでに悟りを開き、智慧を完成させているのだから」となります。

ここでもう一度、観音様の修行について考えてみましょう。

観音様は、私たちを救うために修行しています。しかし、観音様の修行には、さらなる意味があるのです。

禅には「修証一如《しゅしょういちにょ》」という言葉があります。「修」は、修行。「証」は「修行の結果」である悟り。つまり、修行も悟りも別物ではなく同じであると、この言葉は伝えています。

ふつうは、修行した結果、悟りにいたると考えますが、禅では、修行を重ねるその姿の中にこそ、悟りがあると考えます。つまり、修行をしていくプロセスでは、瞬間ごとに、その時々の悟りがともに存在するということです。修行そのものに悟りが内包されているのですから、観音様の修行はいまも続いていています。もちろん、私たちの修行もずっと続いていくのです。

心が
ほっとする
ヒント

愛のある言葉かけで菩薩の修行をする

曹洞宗の開祖道元《どうげん》禅師は、菩薩のような心で人と接する方法として、「愛語《あいご》」を説きました。これは、慈しみのある言葉をかけることです。むずかしくはありません。「おはようございます」「ありがとう」などと、心を込めて挨拶するだけでもいいのです。一度しか会わない人、嫌いな人も含めたすべての人に愛語を送りましょう。その際には、見返りを求めず行うことが大切です。

20

心《しん》無《む》罣《けい》礙《げ》　無《む》罣《けい》礙《げ》故《こ》　無《む》有《う》恐《く》怖《ふ》

訳◆心にさえぎることや妨げがなく、恐怖もありません

執着を捨て、怖れから解き放たれる

「罣」と「礙」という見慣れない漢字が出てきます。「罣」は、魚を捕まえる網。「礙」は、電流を通さない絶縁体である「碍子《がいし》」の「碍」のこと。

両者に共通する性質は何でしょう?

どちらも、ものごとをさえぎり、妨げる特質があります。網は魚の自由を奪ってしまいますし、碍子は電流を遮断《しゃだん》します。

一節目は、心にその「罣礙」がない。つまり、心をさえぎり妨げるものがない状態を指します。二節目に「それゆえに」と続き、三節目の「無有恐怖」で「恐怖がない」といっています。

まとめると、この部分は、「心をさえぎるものがなく、何一つ引っかかるものがないから、恐怖もない」という意味。般若(智慧)の完成によって、心に引っかかるものは何もなくなるので、恐怖もなくなると説かれています。悟りが開けると、何ものにもさえぎられることのない晴れやかな心が広がるわけですね。

繰り返しになりますが、般若心経で説かれるのは、「空《くう》」の教え。

すべてのものは、さまざまな縁と関わり合いながら存在し、常に移り変わっているという真理です。この智慧を理解することによって、自分のものなど実は一つもないのだとわかり、怖れのない状態が訪れます。

では、私たちが怖れるものは何か。仏教では、五つあるとされています。簡単にいうと、「生活できなくなる」「悪名がたつ」「大勢から責められる」「死」「悪の道へ落ちる」といった恐怖です。

どれも、私たちにとっては、なじみの深い怖れですが、これらの恐怖をもたらしているものは共通しています。「よく見られたい」という欲や虚栄心、ものごとへのこだわりや比較する心などです。

しかし、それらもすべて過ぎ去っていく実態のないものに過ぎません。

怖れの根本には、「いまの状態や、いま持っているものを失いたくない」という執着があります。この真理を理解すれば、それまでしがみついていたさまざまなものへの執着が薄れ、やがては、消えていきます。そして、何かを失うことを怖れない、穏やかな境地へたどり着けるのです。

心が
ほっとする
ヒント

誰もが「無尽蔵」の可能性を秘めている

何かを失うのはつらいことです。しかし、命も含めて、人間が持ち続けられるものは何もありません。「無《む》一物《いちもつ》中《ちゅう》無《む》尽蔵《じんぞう》」という禅語があります。人は本来何一つ持っていないが、無尽蔵の可能性を秘めているという意味です。人の能力の七割は眠っているとか。もし、すべてを失っても、秘めた力は残されています。それを忘れなければ、いつでもゼロからスタートできるでしょう。

21

遠離《おんり》一切《いっさい》顛倒《てんどう》夢想《むそう》　究竟《くぎょう》涅槃《ねはん》

訳◆ 間違った世界観や迷いから遠く離れることで、悟りの世界が開けます

思い込みや偏見から離れ、自由な世界へ行く

一節目は、「一切の顛倒夢想を遠離して」と読み下します。少しむずかしい表現ですね。

「顛倒」とは、一般的には、慌てふためく様子を指しますが、仏教では、「上下が逆転していること」を意味します。その意味が転じて、ここでは「さかさまの世界観」を表します。

世界観が「さかさま」とは、どんな意味でしょう。一例を挙げると、「世界は苦だ」ととらえるのが仏教の教えですから、それを逆にして、「この世に苦はない」と考える。これが、顛倒の意味です。

「夢想」は、よけいなことを思い描いて迷うこと。つまり、「顛倒夢想」は、この世の真理とは逆の世界を、あれこれと思い描いて迷う状態を指します。

ここでは、その「顛倒夢想」が「一切」という言葉で強調され、「すべての間違った世界観や迷いから、遠く離れる（遠離）」といっているのです。

実は、この「一切」の二文字は、原書にも漢訳にもありません。日本で加えられた文字だとされていますが、この言葉によって、さらに意味が際立っています。

二節目は「涅槃《ねはん》を究《きわ》め竟《つく》す」という意味。

これもまた、首をひねってしまう表現ですが、「究」は「きわめること」、「竟」は「終わり」を表します。「涅槃」は原語で「ニルバーナ」といい、ロウソクの火を吹き消した状態です。ロウソクの火は、煩悩を象徴しますから、「煩悩の火が消えた悟りの状態を究め尽くす」といっているわけです。

どうしたら、悟りを究め尽くせるのか。それは、一切の間違った世界観から遠く離れることです。自分の固定観念や先入観に気づかず、それを正しいと思い込む傾向が私たちにはあります。たとえば、血液型や星座による占いを見て、「この人は○○だ」と決めつけてしまうことはありませんか？

思い込みや偏見は、心の眼を曇《くも》らせます。レンズの曇りを拭《ふ》き取るように、心の曇りもきれいにしなければなりません。「自分の思い込みかもしれない」「勝手な決めつけかもしれない」と考えて、ものごとを見るクセをつけましょう。

心がほっとするヒント

足元を見れば、おのずと未来が照らされる

人生を変えたいと思うとき、「目標を持たなければ」と考えると、かえって身動きがとれなくなります。大事なのは、遠くを見ることではなく、「いま」に集中することです。「脚《きゃっ》下《か》照《しょう》顧《こ》」という禅語があります。「自分の足元を顧《かえり》みよ」という意味です。一番大切なことは、あなたの目の前にあります。階段を一段ずつ昇るように進めば、おのずと自分の進むべき道が照らされます。

22

三世諸仏《さんぜしょぶつ》　依般若波羅蜜多故《えはんにゃはらみったこ》

訳◆最高の智慧を働かせたことによって、過去・現在・未来に通じる真理を知り

時間を超えて、私たちを導く真理

繰り返し説かれる「空《くう》」の真理を学んできた私たちですが、般若心経の教えは、いよいよ後半のクライマックスに向かっていきます。

「三世諸仏」とは、過去・現在・未来に、それぞれおられる三千の仏様のこと。「三千とは言葉のアヤだろう」と思われるかもしれませんが、『三千仏《さんぜんぶつ》名経《みょうきょう》』というお経には、実際に、過去・現在・未来にそれぞれ千仏ずつ、合わせて三千仏の仏様の名前が記されています。

といっても、この節では、それらの仏様の存在を指しているわけではありません。

「三世諸仏」は、過去から未来に通じる真理が存在していること。そして、私たち一人ひとりの中に、その真理が宿っていることを表しています。

続く「依般若波羅蜜多故」は、すでに見てきたように、「智慧の完成によって」という意味です。つまり、この部分では「般若波羅蜜多（智慧の完成）によって、皆、悟りを得て、仏様になることができた」と説かれます。

智慧の完成とは、世界が無常であり、無我であるという「空」の真理を理解することでした。

それをふまえて、この節全体で伝えようとしているエッセンスをまとめるなら、「『空《くう》』を理解しているのだから、誰にでも永遠の真理が宿っていることはわかっている。誰もが仏である」ということです。

「そんなことをいわれても、日々のわずらいに頭を悩ませている身としては素直にうなずけない」といった感想もあるかもしれません。

しかし真理とは、「仏性《ぶっしょう》」ということもできます。仏教には、こんな言葉があります。「一切衆生、悉有仏性《いっさいしゅじょう、しつうぶっしょう》」。すべての衆生（人間）に、仏性（仏様）が宿っていることを指す言葉です。

もし、仏性という言葉がピンとこないのなら、「本来の自己」「本当の自分」ととらえてみてはどうでしょう。ふだんは、悩みや不安などの煩悩《ぼんのう》に覆《おお》われていても、誰の中にも、一点の傷もない輝く自己、仏性があるのです。

自分の中にそんな仏性があるからこそ、私たちは般若心経を学びたい、仏の教えに触れたいと望み、悟りへの道を歩もうと志すわけです。

心が
ほっとする
ヒント

自分自身が時間の「主人公」になる

「汝《なんじ》（あなた）は十二時に使われ、老僧（私）は十二時を使い得たり」という言葉があります。自分で決めた時間にこだわらず、状況を見て融通を利《き》かせれば、自らが主体となって時間を使えると教える言葉です。時間に固執せず、没頭して、まずはものごとをやりきったほうが、万事効率よく進みます。時間を上手に使いこなすとは、常に自分が、時間の「主人公」となることなのです。

23

得《とく》阿《あ》耨《のく》多《た》羅《ら》三《さん》藐《みゃく》三《さん》菩《ぼ》提《だい》

訳◇ 究《きわ》まるところのない無上の悟りを得て

悟りへの修行も人生の修行も、一生続いていく

呪文のような響きの節ですが、それもそのはず、「阿耨多羅三藐三菩提」は、般若心経の原語であるサンスクリット語の「アヌッタラサンミャクボディー」の音を模した音写です。

その「阿耨多羅三藐三菩提を得た」と説くのが、この節です。

では、何を得たのか。まず「阿耨多羅」を見ると、「阿」は「無」を、「耨多羅」は「上」を表すので、合わせて「無上」という意味です。

次に「三」が続きますが、これは「正」を意味しています。続く、「藐」は「等」を表すので、「三藐」は正しく等しいこと。

「菩提」は「悟り」ですから、「三菩提」は、正しい悟りを表します。ただし、本来「間違った悟り」はありません。ですから、ここでは素直に「悟り」だととらえればいいでしょう。

これらの意味をまとめると、「阿耨多羅三藐三菩提」は、非常にシンプルな訳になります。「無上の悟り」という意味です。

しかし、「ああ、最高の悟りということだな」と、表面的にとらえてはいけません。確かに、この「無上」は「この上がない」という意味ですが、単純に、「ほかと比べて一番」「これが上限」と考えるのは間違いです。
なぜなら、仏教には「比較」の思想がないからです。無上とは「究《きわ》まるところがない」「究めても、究めつくすことがない」という意味になります。悟りに限界はありません。究めるほどに世界が深まり、次なる学びが続いていくのが、「無上の悟り」です。その真の意味を正しく理解しましょう。

究めるほどに次の学びが訪れるのは、人の生きかたも同じです。
日本には、「実るほど頭《こうべ》を垂れる稲穂かな」ということわざがありますが、ものごとを究めつくした人ほど謙虚です。それは、彼らが自分の無力さを知っているから。ですから、本当に「人間力」のある人は、おごることなく日々精進し続けているのです。

仏道においても、人生においても、修行は一生続きます。特に、禅では「行住坐臥《ぎょうじゅうざが》」のすべてが修行であるととらえます。食べることも寝ることも、また日々の立ち居振る舞いも、悟りへ続いているのです。

心が
ほっとする
ヒント

一〇〇日続けると、自分の習慣になる

「継続は力なり」といいますが、やる気満々で新しいことを始めたのに挫折したという人は、多いかもしれません。何か一つでもいいので「一〇〇日間」続けると、確かな習慣になります。まず、今日だけやってみる。それを三日続け、次に一週間、一カ月と続ける。そして一〇〇日経ったとき、自分のものとなり、大きな自信となります。毎日の積み重ねが、あなたを大きく成長させます。

24

故《こ》知《ち》般《はん》若《にゃ》波《は》羅《ら》蜜《みっ》多《た》

訳◇　空《くう》を知る智慧が完成しました

「おかげさま」を知れば、空の真理に近づける

智慧の完成を目指して進んできた般若心経は、ここからまとめに入ります。「般若波羅蜜多」の意味するところは「智慧の完成」です。この節では、

「世界が『空』であると正しく理解できる人間が完成したこと」を表します。

あなたも、もうおわかりだと思いますが、空を理解するとは、世界が「無常」であり「無我」であると知ることでした。「空」をひらたくいえば、世のすべて、森羅万象は移ろいでいくということです。

この真理がわかると、いま自分がこの世に存在していることのありがたさがわかります。

ありがたさとは、「有《あ》り難《がた》い」こと。その「有り難さ」を知るとは、縁あってものごとが結びつき、時を経てきたからこそ、奇跡のような確率で、いまの自分があると知ることです。

人はあらゆるものと関わり合いながら存在しているという無我の真理は、さまざまなものの「おかげ」で、自分が成り立っていることに気づかせてくれます。

たとえば、私たちがふだん着ている洋服も、食べている食事も、住んでいる家も、自分ひとりの力で手に入れることは、決してできません。それらをつくり、運び、売ってくれる人が存在し、数えきれないご縁によってその仕事が結ばれたからこそ、いまの生活が成り立っているのです。

禅寺で、雲水《うんすい》（修行僧）たちは、こういわれます。「いま、口にしようとしている一粒の米が食べられるのは、一〇〇人の人のおかげなのだ」と。一生会うこともない大勢の人たちの「おかげ」で、私たちは一膳のごはんが食べられます。さらにいえば、毎日の食卓にのっている食べ物の命をいただいて、私たちは生きています。

食事だけではありません。暮らしのすべてが、さまざまな人たちや存在の「おかげさま」で成り立っているのです。空《くう》の真理に近づくとは、その事実に気づき、感謝できるようになることだといえるでしょう。

心が
ほっとする
ヒント

深い呼吸を繰り返し、心の「三毒」を追い出そう

仏教では、人の心を惑わすものとして、欲望、怒り、愚かさの「三《さん》毒《どく》」を挙げています。自分の心から、この三毒を追い払いたいときは、その場で少し時間をとり、細く長い呼吸をゆっくりと繰り返しましょう。おなかから吸って吐くのがポイントです。呼吸がととのうと、自然に心も落ち着いてきます。深い呼吸で、心のスイッチを上手に切りかえていきましょう。

25

是《ぜ》大《だい》神《じん》呪《しゅ》　是《ぜ》大《だい》明《みょう》呪《しゅ》

訳◆これが最高の真理、大いなる悟りの真理です

悟りへいたるために唱える「呪」

ここでは、「是《これ》は『大神呪』であり『大明呪』である」と説かれています。

「是」とは、般若波羅蜜多（智慧の完成）を指すので、智慧の完成は、「大神

呪」「大明呪」であるというわけです。

「呪」が二回続きますが、この字は、現在では「のろい」「まじない」といった意味で使いますから、少し怖いイメージがあるかもしれませんね。

しかし、本来の意味は違います。「呪」は、神に伝える神聖な言葉です。サンスクリット語の「呪」は二種類あり、長い呪を「ダラニ（陀羅尼）」、短い呪を「マントラ（真言《しんごん》）」といいます。

「神呪」は、神に自在に通じる力のある真言のこと。

「明呪」の「明」は、心の闇を破って悟りにいたる智慧なので、「明呪」は、悟りのための真言ということになります。

「大」は、「常にそこにあるもの、変わらないもの」を意味します。江戸時代の名僧、白隠《はくいん》禅師は、「大明呪」とは、悟りを開くために、人にもともと備わっている仏性《ぶっしょう》の働きだと説きました。白隠禅師が説いたように、私たちは、真言によって「空《くう》」を知る智慧を生まれながらに持っているのです。

この一節は、神に通じ、悟りに通じる言葉は、常に私たちとともにあると説いています。そして、その言葉である「呪《しゅ》」とは、この般若心経をはじめとするお経や、仏様に対して唱える真言《しんごん》です。

そこで提案ですが、自分なりの「呪」を、心の中で唱える習慣を持ってはどうでしょう。

私たちの心には、不安や怒り、迷いや心配がしばしば訪れます。一度訪れたそれらの感情は、なかなか立ち去ってくれません。そのとき、短くてもいいので、自分のよりどころとなる「呪」を唱えるのです。

「呪」を唱えることで、ひと呼吸おくことができます。すると、気分がフッとラクになり、平常心に戻れます。長いお経やマントラはむずかしいと感じる人に、ぴったりの言葉があります。修行の際に、相手を叱咤《しった》するために使う「喝《かつ》」という禅の言葉です。気合いを込めて自分自身に「喝！」と唱えれば、きっと心の曇りがスッと晴れるでしょう。

心が
ほっとする
ヒント

無心になってお経を唱えよう

般若心経は、唱えることでもありがたい御利益をいただけます。お経を唱える際には、無心になって、おなかから声を出すことが大事です。あれこれと意味を考えるのではなく、頭を空っぽにして何度も唱えるうちに、唱えることすら忘れる境地が訪れます。音と時間と自分が一つになって煩悩が消え去り、心が澄みきった状態です。繰り返し唱えて、そのような境地を目指しましょう。

26

是《ぜ》無《む》上《じょう》呪《しゅ》　是《ぜ》無《む》等《とう》等《どう》呪《しゅ》

訳◆上限がない無上の真言《しんごん》であり、絶対的な価値を持つ尊い真言です

誰もが「絶対」であり、唯一無二な存在である

この節でも、「呪《しゅ》」の説明が続きます。一節目の「無上呪」は、「無上の真言」の意味です。学んだように、「無上」は「最高」ではなく、「究《きわ》まるとこ

ろがない」こと。ですから、ここは「悟りが永遠に完成しない」ことを表します。私たちは、常に進み続けなければならないのです。

次の「無等等呪」は、「無等・等・呪」に分けて考えます。

「無等」は同じものがないことで「絶対」を意味します。一方、「等」は、「平等」ととらえます。これを合わせると、「絶対であり、平等な真言」となります。つまり、般若心経は、無上の真言であり、絶対的で平等な真言であるというわけです。

無上であり平等とはどういう意味か。少しわかりづらいと思いますので、補足しましょう。

お釈迦様は、ご自身が悟られたとき、自分だけでなく、誰もが悟りを得る可能性を持っていることも、同時に悟られました。

それを「我と大地有情《うじょう》と、同時に成道《じょうどう》す」という言葉で語られています。大地有情《うじょう》とは、自然と、そこに生きとし生けるもの。成道《じょうどう》とは、悟りを開くこと。つまり、すべての人に平等に悟りの機会が与えられているわけです。

同時に、悟りは、絶対的なものです。仏教において悟りは、人間という存在を支えている「絶対的な価値」があるものだから。そして、悟りとは、すべての人の中に必ずある仏性《ぶっしょう》ともいえるからです。

「無等等呪」は、般若心経が、その絶対的で平等な智慧を得るためのお経だといっているのです。

「無等」をむずかしくとらえる必要はありません。

私たちの存在そのものが、絶対であり平等、つまり「無等」です。

なぜかといえば、誰ひとり同じ人間はこの世に存在せず、また誰もが等しく命を持って生まれているからです。

本来、私たち人間には、勝ち負けも優劣も存在しません。一人ひとりが、ほかと比較できない唯一無二のユニークな存在であり、絶対的な存在です。

そのことを理解すれば、あなたも悟りに一歩近づいたといえるでしょう。

心が
ほっとする
ヒント

私たちの幸せは「当たり前」の中にある

もっとも幸せなことは、あなたがいま「当たり前」だと思っていることです。朝目が覚めること。お茶をおいしくいただけること。自然の移ろいを肌で感じられること。すべてが「当たり前」に思えるかもしれませんが、さまざまな縁の結果であり、いつかは失われる尊いもの。その視点で日常を見渡すと、幸せは身近にあふれています。そこに気づいた瞬間から、人生が豊かになります。

27

能《のう》除《じょ》一《いっ》切《さい》苦《く》　真《しん》実《じつ》不《ふ》虚《こ》

訳◆（般若の智慧は）すべての苦を取り除くことができます。それは、真実であり、虚しいものではありません

思い通りにならない世を生きていく智慧

般若心経の智慧をもってすれば、一切の苦を取り除き、人生の苦しみから完全に解き放たれる。ここでは、この真理が改めて説かれます。

念のためにいうと、「度一切苦厄」（40ページ）で学んだように、仏教でいう「苦」とは、「自分の思い通りにならないこと」でした。

私たちの「苦」は、自分の欲望を満たしたいのに、それができないところから生まれます。しかし、智慧を完成させると、その「苦」を取り除くことができるのです。

次に、「真実にして虚《こ》ならず」と続きます。真実とは、すべてが無常であり無我であること。いわば、私たちを生かしているこの世の真理です。

この真理を、「しょせん、すべては移り変わっていくのだ」と虚無的にとらえるのは間違いです。「空《くう》」の真理は、決して虚しいものではありません。無常無我、つまり「空」の真理を理解してこそ、心穏やかに暮らすことができます。

この道理を心の底から理解できたときに、執着から解き放たれます。そのときはじめて、私たちは、苦しみから自由になれるのです。

ただし、生きていれば、不測の事態や困難は訪れます。人生から完全に苦がなくなるわけではありません。これは、心しておいたほうがいいでしょう。お釈迦様は、この世は「一切皆苦」であるとおっしゃっています。私たちはこれからも、その世を生きていかなければならないのです。

しかも、人の心はもちろんのこと、自分の身体も寿命も思い通りにはなりません。毎日の天候や災害も、しかりです。

楽しみにしていた行事の当日が雨で、がっかりした経験のある人は多いでしょう。それだけならまだしも、災害によって大きな被害を受けたり、台風や干ばつで精魂込めて育てた作物が台無しになったりしたら、人間の無力さを思い、運命を呪いたくなるに違いありません。

そんなとき、天から与えられた思い通りにならない運命をどう受け止め、生きていくのかが大切になってきます。そのための智慧が、般若心経には詰まっているのです。

心がほっとするヒント

運を天に任せて、ゆったりと自在に生きる

望み通りにものごとが運ばないときには、「任運自在《にんぬんじざい》」という禅語を思い出してください。ものごとをあるがままに受け入れ、運を天に任せて生きることを説く言葉です。私たちは、自然の道理の中で生きています。天の采配《さいはい》する大きな流れに任せて、ゆったりと生きること。人生が苦であると受け入れて、なお努力を続けていくこと。それが、心穏やかに暮らす道へとつながります。

28

故《こ》説《せつ》般《はん》若《にゃ》波《は》羅《ら》蜜《みっ》多《た》呪《しゅ》　即《そく》説《せつ》呪《しゅ》曰《わつ》

訳◆ ですから、般若波羅蜜多の智慧の完成を説きましょう。
つまり、（観音様の）説かれる真言は

心の迷いや妄想を遠ざける真言

般若の智慧を完成させるための真言《しんごん》（呪）が、ようやく次の項から明らかになっていきます。ここは、その真言を紹介するための予告です。

般若心経の真言には、次のようなエピソードが残されています。

般若心経を漢訳した玄奘三蔵《げんじょうさんぞう》が、経典を求めて唐（中国）から天竺《てんじく》（インド）へ旅立ったのは七世紀前半。出国許可が下りなかったため、夜を待ち、秘密裡に出発したと伝えられていますが、当時、中国からインドまでの旅は、想像を絶するほど過酷《かこく》でした。

そんな玄奘三蔵が、ある川のそばを通りかかったとき、ひとりの老人に出会います。老人は病気を患《わずら》っていて、非常に困窮《こんきゅう》している様子でした。気の毒に思った玄奘は、自分の食料を分け与え、施《ほどこ》しをしたそうです。すると老人はありがたがって、「どこまで行かれるのですか？」と尋ねました。目的地を聞いた老人は、「天竺までの道には悪魔や怪物がいるから、もし出てきたらこの真言を唱えなさい。すると、やつらは消えていくでしょう」と、次項から紹介する般若心経の真言を教えてくれたのです。

老人のいう「悪魔」や「怪物」とは、玄奘三蔵を惑わす幻想や妄想という意味です。その言葉通り、玄奘三蔵はその後、数々の幻惑に悩まされます。しかしそのたびに、真言《しんごん》を唱え、無事に天竺までたどり着くことができました。ちなみに、彼が般若心経をはじめとする多くの経典や仏像を持ち帰るまで、なんと一六年もの歳月がかかったそうです。

日本にも、般若心経にまつわる話が多数残っています。

その一つが、小泉八雲の『怪談』で有名な「耳なし芳一《ほういち》」です。琵琶法師《びわほうし》として平家物語の弾き語りをしていた芳一は、あるとき、平家一族の亡霊《ぼうれい》にとり憑《つ》かれます。それに気づいた和尚が、芳一の姿が亡霊からは見えないよう、その全身に般若心経を書いて守護します。ところが、両耳には書き忘れたため、亡霊は芳一の耳だけをもぎ取って退散しました。

命拾いした彼は、その後「耳なし芳一」として名声を得て、活躍したそうです。いまも数々残るこのようなエピソードからも、般若心経の真言が古くから広く親しまれ、人々の心のよりどころとされてきたことがわかります。

心が
ほっとする
ヒント

私たちの身体は、大切な預かりもの

多くのご先祖様がいらっしゃるからこそ、私たちは、この世に生を受けました。そして、仏様の力によって生かされています。この身体は、仏様、ご先祖様からの預かりものですから、大切にして、いつか返さなければなりません。ものを返すときには、何がしかのお礼をつけるものです。私たちにできるお礼とは、生きているうちに、世の中に対して何らかの貢献をするということです。

29

羯《ぎゃ》諦《てい》　羯《ぎゃ》諦《てい》　波《は》羅《ら》羯《ぎゃ》諦《てい》

訳◆私も皆も、ともに、行こう、行こう

煩悩を取り除く真言を唱え、彼岸へ渡る

いよいよ、真言《しんごん》が明らかになります。ここからは、音写です。

これまでも、いくつか音写がありましたが、サンスクリット語のお経には、昔から翻訳されない決まりになっている言葉がいくつかあります。原語であるサンスクリット語にはあっても、中国や日本には、その意味を正確に表す言葉がないため、翻訳することができないのです。

特に真言は、本来は「秘密の言葉」です。その神秘性を保つためにも、訳さないのが決まりごととなっています。

原語の読みを紹介しましょう。「羯諦、羯諦」は「ガテーガテー」。意味は「煩悩《ぼんのう》を取り除くこと」で、転じて「自覚（この真理に自ら気づく）」です。「波羅羯諦」は「パーラガテー」で、「ほかのあやまちを除くこと」。「羯諦、羯諦」の「自覚」に対応して「他覚（ほかの人々も同じ境地に導く）」という意味になります。

自分ひとりだけが悟るのではなく、皆で呪《しゅ》を唱え、他者とともに悟り、ともに彼岸《ひがん》へ渡る。これが、この真言のもたらす境地です。

「よし、御利益をいただくためにはりきって唱えよう」と、あなたはいま意気込んでいるかもしれませんね。ただその前に、次の話を読んでください。

禅宗（曹洞宗や臨済宗《りんざいしゅう》など）の開祖達磨《だるま》大師は、当時の王に、こう尋ねられました。「私はいままで、寺を建て経典を訳して、仏教に尽くしてきた。どんな功徳があるだろうか」。そのとき大師は、たったひと言「無功徳《むくどく》」と答えたそうです。「功徳（御利益）などない」という意味です。

王は、さぞがっかりしたことでしょう。しかし、どんな修行も善行も、結果を求めて行ったのでは本末転倒です。無欲無心に取り組んでこそ本物だと、達磨大師は伝えたかったのです。

私たちにできるのは、自分のなすべきことにひたすら取り組むこと。そして今日一日、いまこのときを一生懸命生きることです。そうすれば、早く成果を出そうと躍起《やっき》になったり、焦ったりしなくても、納得のいく結果が自然についてきます。無心になって肩の力を抜き、リラックスして進みましょう。そんな生きかたを実践していけることが、般若心経の「功徳」なのですから。

心がほっとするヒント

見返りを求めなければ、楽に生きられる

人に対して何らかの行動をすると き、私たちは無意識のうちに、見返りを求めてしまいます。「損得勘定抜きだ」と思っていても、お礼がなければ、ムッとしたり、がっかりしたりするものです。その心の奥には、執着や欲があります。自分自身の心を見つめ、見返りを求める気持ちがないかをチェックしましょう。菩薩の修行を行うには、純粋に相手を思う気持ちこそが大切です。

30

波《は》羅《ら》僧《そう》羯《ぎゃ》諦《てい》　菩《ぼ》提《じ》薩《そ》婆《わ》訶《か》

訳◇　皆で悟りを円満成就しよう

晴れ晴れとした境地へ導く智慧の完成

真言《しんごん》の音写が続きます。

この部分の原語は、「パーラーサンガテー　ボーディスブァハー」。「自分も他人も円満に悟りを成就しよう」という意味です。

これをほかの言葉で表すと、「自覚覚他《じかくかくた》、覚行円満《かくぎょうえんまん》」となります。聞き慣れない言葉かもしれませんが、悟りの性質を表す大切な言葉です。

「自覚覚他」とは、自分自身の煩悩を取り除き、それによって、他者を悟らせようということです。「覚行円満」は、悟り（覚）と修行は欠けるところがなく、完全一体（円満）であることを指します。つまり、修行が満たされて悟りへと続いている状態です。

この節では、他者とともに悟りの道を究《きわ》めることの喜びが高らかにうたわれています。

自分だけでなく他者とともに悟りを目指すのは、まさに「自利利他《じりりた》」の教えそのものです。先ほどの「自覚覚他、覚行円満」は知らなくとも、この「自利利他」という言葉は聞いたことがあるという人は、多いのではないでしょうか。

これは、日本に伝わった大乗《だいじょう》仏教（145ページ）の根幹をなす教えで、自分のためだけではなく、人のためにも行動していくという考えかたです。「自利」と「利他」。両者が一つになって、はじめてものごとが本当の意味でうまくいくのです。

「自分が、自分が」といっている人がいつしか孤立し、結局は、幸せな人生から遠ざかってしまう。そんな状況を見聞きしたことがある人も、多いはずです。これを見ても、「自利利他」でこそ自分を生かし、人を生かせるのだということがわかるでしょう。

二節目の「菩提」も、悟りを意味します。「薩婆訶」は、原語では「スブァハー」ですが、言葉自体は意味を持ちません。あえていうなら、「やった！」「バンザイ！」と叫びたくなるような喜びや祝福を表します。

般若の智慧を完成させることで、このような晴れ晴れとした境地へ渡ることができると、般若心経は結んでいるのです。

心がほっとするヒント

皆の幸せを祈ると、仏性が磨かれる

仏教の御利益（功徳）とは、「善《よ》い行いをした結果の報い」をいいます。「善い行い」とは、仏の智慧を理解し、その教えに従うこと。

自分だけでなく皆が救われることを祈るのも、仏教の教えです。生きとし生けるものがともに救われ、幸せになれることを祈りながら暮らしていくと、ストレスや心のモヤモヤが次第に薄れ、仏性《ぶっしょう》が磨かれます。

これも、ありがたい御利益です。

31

般《はん》若《にゃ》心《しん》経《ぎょう》

訳◆ これが、最高の智慧の真髄を説くお経、般若心経です

人生に豊かさをもたらす般若心経の教え

仏教の真髄ともいえる教えをひもとく旅も、とうとう最終項まで進んできました。最後は、最高のお経である「般若心経」という言葉そのもので結ば

れています。

般若心経がまとめられたのは、お釈迦様が亡くなって五〇〇年ほど経ったころだと伝えられています。

当時のインドでは、お釈迦様の教えのとらえかたによって、仏教が大きく二つのグループに分かれていました。

出家して厳しい修行を積んだ者だけが悟りを開けると考えるグループ(上座仏教《じょうざ》)と、出家者だけでなく、すべての人を救うことができると考えるグループ(大乗《だいじょう》仏教)です。

「大乗」という言葉は、仏の教えという大きな船(乗りもの)で、皆を救って彼岸《ひがん》へ渡るのだと考えたことに由来しています。

この般若心経は、その大乗仏教の僧侶たちによってまとめられました。

そして、すでにお話ししたように、玄奘三蔵によって大変な苦難を乗り越えて、中国に持ち帰られ、漢訳されました。

日本には、大乗仏教が六世紀ごろ中国を経由して伝わりました。その後、七世紀に般若心経が伝わり、お釈迦様の智慧を説く霊験あらたかなお経として、国の指導者や武将、庶民にいたるまで、広く親しまれてきたのです。

あなたの胸にはいま、どんな思いが訪れているでしょうか。

「空《くう》」の真理を頭ではわかったような気がするものの、まだ実感としてとらえきれないというのが正直なところかもしれませんね。

しかし、それは当然のことです。むしろ、その感覚を大切にしてください。般若心経は、仏教の真理が凝縮されたお経ですから、一度読んで理解できるものではありません。何度も読み返し、時間をかけて腑《ふ》に落とすものです。

般若心経を学ぶ行為そのもの、時間そのものが、あなたの一生の宝物になるでしょう。般若心経の教えは、あなたの毎日に、穏やかさをもたらしてくれます。その功徳は、これからのあなたの人生を、より豊かなものに変えていってくれるでしょう。

心がほっとするヒント

自らを、また仏の教えを灯りとして生きる

お釈迦様は亡くなる際に、悲しむ弟子たちに「自灯明《じとうみょう》、法灯明《ほうとうみょう》」という言葉を遺しました。自らを灯りとし、また仏教の教えを灯りとして生きなさいという意味です。灯りとは、「よりどころ」のこと。もし苦難が訪れたとしても、生きるための智慧は、自分自身、また仏の教えの中にあります。般若心経をひもとけば、いつでもそのことを思い出し、生きる糧としていただけるでしょう。

いつも心に般若心経を携《たずさ》えよう

わずか二七六文字に、仏教の深遠な教えが凝縮された般若心経。その教えを日常に生かしていただくために、禅語や日常的な例を挙げながら、私なりに説いてきました。この本を通して、般若心経とのご縁を結んだあなたが、お釈迦様の智慧の詰まったこのお経を「心の友」として、今後の人生を歩んでくださったら、これほど嬉しいことはありません。

一日、一項目だけでも構いません。毎日続けるのがむずかしければ、嫌なことがあった日や心が折れてしまいそうな日だけでもいいのです。ぜひ、あなたの毎日を照らす灯りとして、般若心経に触れ続けていってください。

第3章◎読経・写経の作法

功徳《くどく》をいただくための読経《どきょう》の作法

心を「無」にする般若心経の御利益

般若心経には、時代の変化に振り回されず、自分らしい人生を生きていくための智慧と功徳が詰まっています。般若心経を唱えるとさまざまな御利益が得られ、厄《やく》が払われるとして、古くから多くの人がこのお経を唱えてきました。

私たち僧侶も、大切な修行として、また、毎朝のお勤め、ご祈禱、托鉢《たくはつ》、法事などで、般若心経を日常的に唱えています。

ひたすら唱えていると、いつの間にか心が静まり、「無」になる瞬間があります。日常の中で、そんな時間を持つことそのものが、般若心経の大きな御利益をいただいていることになるのだと実感します。

ぜひ、あなたも読経を日々の習慣にして、般若心経をご自身のものにしていってください。

読経の習慣は、さまざまなメリットを生む

読経する時間に決まりはありません。しかし、できれば毎日時間を決めておくと、一日一回心のリセットができてよいでしょう。

もし可能なら、少し早起きをして、朝唱えるのがおすすめです。一日が始まる前に般若心経を唱えることで心が整い、その日一日がよい状態で過ごせるからです。また、生活にリズムが生まれる効用もあります。

唱える際は、環境の許す範囲でいいので、大きな声を出しましょう。

姿勢を正し、ヘソの下にある丹田《たんでん》から声を出すつもりで唱えると、自然に

おなかの底から発声できます。

ただし、大声を出そうと力んだり、上手に唱えようとしたりしなくても大丈夫です。最初は見よう見まねでかまいません。肩の力を抜いて、自分が心地いいと感じる声で唱えましょう。

実際に声を出すと、お釈迦様の教えを自分の耳で聞きながら、その智慧をいただけるという御利益もあります。

特に、最後の真言の部分は、自在に神に通じ、心の闇を破る力を持っているため、自分の声で、その真言を発することが重要だと考えられてきました。時間がないときには、最後の真言部分だけでも声を出して唱えるといいでしょう。

また、読経を日々の習慣にすると、そのときの声のハリや調子によって、自分の心身の状態が感じられるのも一つのメリットです。

初めは、経文の意味を一字一句すべて理解していなくてもかまいません。

むしろ何も考えず、無心になることが大切です。あれこれと意味を考えるのではなく、頭を空っぽにして、ただ無心に唱えることが、御利益をいただくもっともよい唱えかただと覚えておきましょう。

息継ぎは、自分のリズムで結構です。慣れてくると、スムーズに息を継ぎながら唱えられるようになるでしょう。

読経の前後には、開始と終了の合図として「開経偈《かいきょうげ》」と「普回向《ふえこう》」をそれぞれ唱えます。

次ページから紹介しますので、ぜひ般若心経を読経する前後に、合わせてお唱えしてください。

◎開《かい》経《きょう》偈《げ》

お経を唱える喜びと感謝を込めて、読経の前に唱えます。

無《む》上《じょう》甚《じん》深《じん》微《み》妙《みょう》法《ほう》
百《ひゃく》千《せん》万《まん》劫《ごう》難《なん》遭《そう》遇《ぐう》
我《が》今《こん》見《けん》聞《もん》得《とく》受《じゅ》持《じ》
願《がん》解《げ》如《にょ》来《らい》真《しん》実《じつ》義《ぎ》

現代語訳

計り知れないほど素晴らしい仏の教えに、
長いときと苦難を経て、私はいま、ようやく巡り会うことができました。
如来《にょらい》（仏）の真実の教えを理解し、
自分自身のものとして得ることを願います。

◎普《ふ》回《え》向《こう》

お経の功徳を生きとし生ける者に及ぼす願いを込めて、読経の終わりに唱えます。

願《ねが》わくは此《こ》の功《く》徳《どく》を以《もっ》て
普《あまね》く一《いっ》切《さい》に及《およ》ぼし
我《われ》等《ら》と衆《しゅ》生《じょう》と
皆《みな》共《とも》に仏《ぶつ》道《どう》を成《じょう》ぜんことを

写経がもたらす穏やかなひととき

「一字《いちじ》一仏《いちぶつ》」の心で、般若心経を写していく

写経は、もともと僧侶が経典を書き写すことから始まった仏教修行の一つです。それが、今日では一般に広がり、先祖供養や心願成就など、さまざまな願いを込めて行われるようになりました。現代では、写経によってイライラやストレスを解消し、心を落ち着かせる作用も注目されています。

写経が体験できるお寺も増えましたが、仏具店やネットショップなどでも、なぞり書きができる写経用紙を入手することができます。ぜひ、この機会に、般若心経の写経にチャレンジしてみましょう。

写経を始める前は手や口を洗い、身ぎれいにして、部屋や机の上をサッと片づけましょう。その後、合掌し、何度か深呼吸してスタートします。できれば、書く前に般若心経を唱えるといいでしょう。

上手に書こうと思ったり、早く書こうとしたりしなくても大丈夫です。過度に緊張せず、リラックスして取り組みましょう。

「一字一仏」といって、一文字書くことは、一体の仏様を彫ることと同じ行為であるといわれます。いま書こうとしている一文字に集中し、無心になることが大切です。

写経をする間は、たとえ短時間であっても、日常から離れて自分を見つめ直す機会になります。一文字ずつていねいに書いていくと、次第に雑念が消えて、心が穏やかになっていくでしょう。

日頃の悩みや心配事を忘れて写経する時間は、あなたの心をシンプルな状態に整えてくれます。それが、写経の大きな功徳です。

監修：

枡野俊明（ますの・しゅんみょう）

1953年、神奈川県生まれ。曹洞宗徳雄山建功寺住職、庭園デザイナー、多摩美術大学環境デザイン学科教授。大学卒業後、大本山總持寺で修行。禅の思想と日本の伝統文化に根ざした「禅の庭」の創作活動を行ない、国内外から高い評価を得る。芸術選奨文部大臣新人賞を庭園デザイナーとして初受賞、ドイツ連邦共和国功労勲章功労十字小綬章受章。2006年のニューズウィーク日本版にて「世界が尊敬する日本人100人」にも選出される。主な作品に、カナダ大使館東京、セルリアンタワー東急ホテル日本庭園など。著書に『心配事の９割は起こらない』（三笠書房）、『怒らない 禅の作法』（河出文庫）などがある。

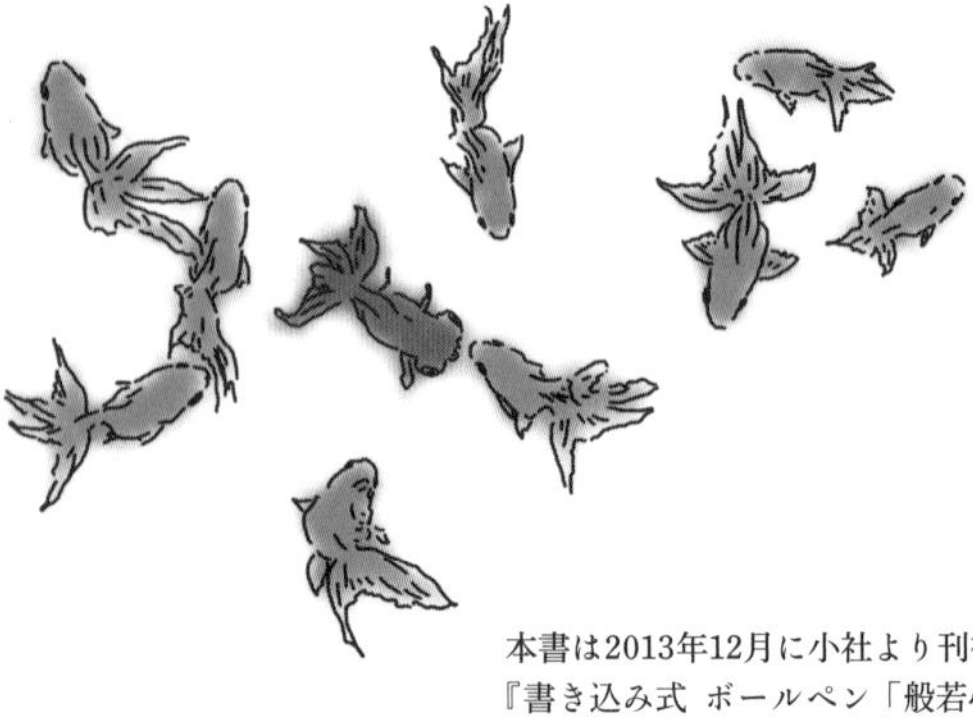

本書は2013年12月に小社より刊行した
『書き込み式 ボールペン「般若心経」練習帖』を再編集したものです。

心がほっとする　ポケット般若心経

2021年5月30日　初版発行
2024年3月10日　3刷発行

監　修◎枡野俊明
発行者◎小野寺優
発行所◎株式会社河出書房新社
〒151-0051　東京都渋谷区千駄ヶ谷2-32-2
電話　03-3404-1201［営業］　03-3404-8611［編集］
https://www.kawade.co.jp/

ブックデザイン◎石間淳
イラストレーション◎石川ともこ
編集協力◎江藤ちふみ、風土文化社
組　版◎ユノ工房 中尾淳

印刷・製本◎図書印刷株式会社

Printed in Japan
ISBN978-4-309-22822-8